星级酒店管理实务系列

★ ★ ★ ★ ★

星级酒店经营管理大全

——星级酒店经营管理实务

薛永刚　孙勇兴　李红丽　编著

XINGJI JIUDIAN JINGYING GUANLI DAQUAN

SPM
南方出版传媒
广东经济出版社
·广州·

图书在版编目（CIP）数据

星级酒店经营管理大全—星级酒店经营管理实务 / 薛永刚，孙勇兴，李红丽编著 . —广州：广东经济出版社，2018. 3
ISBN 978 - 7 - 5454 - 5837 - 4

Ⅰ. ①星… Ⅱ. ①薛… ②孙…③李… Ⅲ. ①饭店—经营管理Ⅳ. ①F719. 2

中国版本图书馆 CIP 数据核字（2017）第 245652 号

出 版 人：姚丹林
责任编辑：谭　莉
责任技编：许伟斌
装帧设计：李康道

出版发行	广东经济出版社（广州市环市东路水荫路 11 号 11 ~ 12 楼）
经销	全国新华书店
印刷	茂名广发印刷有限公司 （茂名市计星路 60 号大院）
开本	787 毫米 ×1092 毫米　1/16
印张	13. 75　1 插页
字数	253 000 字
版次	2018 年 3 月第 1 版
印次	2018 年 3 月第 1 次
书号	ISBN 978 - 7 - 5454 - 5837 - 4
定价	31. 00 元

如发现印装质量问题，影响阅读，请与承印厂联系调换。
发行部地址：广州市环市东路水荫路 11 号 11 楼
电话：（020）38306055　37601950　邮政编码：510075
邮购地址：广州市环市东路水荫路 11 号 11 楼
电话：（020）37601980　营销网址：http://www.gebook.com
广东经济出版社新浪官方微博：http://e.weibo.com/gebook
广东经济出版社常年法律顾问：何剑桥律师

>>>前　言

中国酒店业近年来发展迅猛，新建及改造酒店数量逐年增加。酒店是一个集多种功能于一体的消费场所，如商务旅游、住宿、亲朋聚会、大型会议的举办等。酒店出入人员繁杂，流动性大，因而需要规范化、标准化、流程化的管理。尽管我国旅游业的快速发展使我国的酒店业取得了长足的进步，但也不难发现酒店业面临着许多挑战和困难：重复建设、供大于求、税费过度、利润率下降、直接成本上升等。

同时，为配合《旅游饭店星级的划分与评定》（GB/T 14308—2010）新版国家标准的实施，进一步规范饭店星级评定及复核工作，国家旅游局制定了《旅游饭店星级的划分与评定》（GB/T 14308—2010）实施办法。随着《旅游饭店星级的划分与评定》的颁布和实施，在酒店行业中，标准越来越明确，分工越来越细，竞争也越来越激烈。新版国家标准是《旅游饭店星级的划分与评定》自1988年制定并实施以来的第四次修订，更加注重饭店核心产品，弱化配套设施；将一星、二星、三星级饭店定位为有限服务饭店；突出绿色环保的要求；强化安全管理要求；引导特色经营等。

“星级酒店管理实务系列”就是根据《旅游饭店星级的划分与评定》（GB/T 14308—2010）编写而成，包括《星级酒店培训管理》、《星级酒店财务管理》、《星级酒店常用英语》、《星级酒店经营管理实务》、《星级酒店人力资源管理》。本系列丛书在传统的酒店管理基础上，融入了绿色设计、清洁生产、节能减排、绿色消费的理念；强化安全管理要求，增加突发事件的应急预案；引导特色经营。本系列丛书更加实用，理念新颖，可操作性强，是一套实用的酒店管理与操作实务读本，可供相关酒店及酒店从业人员参考使用，同时也为有意于酒店行业的求职者起到穿针引线的作用。

“星级酒店管理实务系列”在编写过程中，获得了北京黄河京都酒店管理（投资）集团公司、北京凯悦莱温泉度假酒店、秦皇岛四川大酒店、无锡锡州花园国际酒店、宜兴豪生花园国际酒店、蓝海酒店集团公司、同汇酒店管理公司酒店等酒店管理人员和山西旅游职业学院酒店管理系等院校的老师的支持和配合。参与编写和提供资料的还有薛永刚、赵晓芳、王文燕、尹玲燕、孙勇兴、李红丽、崔旭东、范若楠、秦瑞鹏、张俊枝、赖娇珠、刘慧明、刘珍、刘军、刘海江、赵建学、滕宝红，最后全书由薛永刚统稿、审核完成。在此，编者对他们所付出的努力和工作一并表示感谢。

星级酒店管理实务系列丛书

编委会

2012年6月15日

>>>目　录

第一章　酒店前厅经营管理

第二章　酒店客房经营管理

第三章　酒店餐饮经营管理

第四章　酒店商务楼层管理

第五章　酒店会议经营管理

第六章 酒店安全经营管理

第七章　酒店服务质量管理

第八章　酒店特色服务管理

第九章　酒店节能减排管理

第一章 酒店前厅经营管理

引言：

酒店前厅，又称为总服务台，或称为总台、前台等，通常设在酒店的大堂，负责推销酒店产品与服务，组织接待工作，进行业务调度。

酒店前厅具体负责的工作主要有客人订房、登记、客房状况控制、客人账务的结算与审核以及前厅综合性业务管理。前厅的工作主要涉及酒店外务部的业务活动。

步骤一　了解国家最新规定

作为酒店管理者，要掌握国家最新的各项关于酒店的政策法规，以便随时进行调整，达到规定要求。

规定一：必备检查项目

新标准对于不同星级酒店前厅必备检查项目如下表所示。

酒店前厅必备检查项目

序号	星级	检查项目	备注
1	一星级	(1) 设总服务台，并提供客房价目表及城市所在地的旅游交通图等相关资料 (2) 至少18小时提供接待、问讯、结账服务	
2	二星级	(1) 与酒店规模相适应的总服务台，位置合理，提供客房价目表及城市所在地的旅游交通图、旅游介绍等相关资料 (2) 24小时提供接待、问讯、结账和留言等服务	
3	三星级	(1) 与接待规模相适应的前厅和总服务台，装修美观。提供酒店服务项目资料、客房价目等信息，提供所在地旅游交通、所在地旅游资源信息、主要交通工具时刻表等资料，提供相关的报刊	

（续表）

序号	星级	检查项目	备注
3	三星级	(2) 24 小时提供接待、问讯、结账和留言服务。提供总账单结账服务、信用卡结算服务。应提供客房预订服务 (3) 设门卫迎接＝及行李服务人员，有专用行李车，应宾客要求提供行李服务。应提供贵重物品保管及小件行李寄存服务，并专设寄存处 (4) 为宾客办理传真、复印、打字、国际长途电话等商务服务，并代发信件 (5) 提供代客预订和安排出租汽车服务	
4	四星级	(1) 区位功能划分合理 (2) 整体装修精致，有整体风格、色调协调、光线充足 (3) 总服务台位置合理，接待人员应 24 小时提供接待、问讯和结账服务。并能提供留言、总账单结账、国内和国际信用卡结算及外币兑换等服务 (4) 专设行李寄存处，配有酒店与宾客同时开启的贵重物品保险箱，保险箱位置安全、隐蔽，能够保护宾客的隐私 (5) 提供酒店基本情况、客房价目等信息，提供所在地旅游资源、当地旅游交通及全国旅游交通信息，并在总台能提供中英文所在地交通图、与住店宾客相适应的报刊 (6) 在非经营区应设宾客休息场所 (7) 门厅及主要公共区域应有符合标准的残疾人出入通道，配备轮椅，有残疾人专用卫生间或厕位，为残障人士提供必要的服务 (8) 24 小时接受包括电话、传真或网络等渠道的客房预订 (9) 有门卫应接服务人员，18 小时迎送宾客 (10) 有专职行李员，配有专用行李车，18 小时提供行李服务，提供小件行李寄存服务 (11) 提供代客预订和安排出租汽车服务 (12) 有相关人员处理宾客关系 (13) 有管理人员 24 小时在岗值班	

（续表）

序号	星级	检查项目	备注
5	五星级	(1) 功能划分合理，空间效果良好 (2) 装饰设计有整体风格，色调协调，光线充足，整体视觉效果和谐 (3) 总服务台位置合理，接待人员应 24 小时提供接待、问讯和结账等服务，并能提供留言、总账单结账、国内和国际信用卡结算、外币兑换等服务 (4) 专设行李寄存处，配有酒店与宾客同时开启的贵重物品保险箱，保险箱位置安全、隐蔽，能够保护宾客的隐私 (5) 提供酒店基本情况、客房价目等信息，提供所在地旅游资源、当地旅游交通及全国旅游交通的信息，并在总台提供中英文所在地交通图、与住店宾客相适应的报刊 (6) 在非经营区应设宾客休息场所 (7) 门厅及主要公共区域应有符合标准的残疾人出入通道，配备轮椅，有残疾人专用卫生间或厕位，为残障人士提供必要的服务 (8) 24 小时接受包括电话、传真或网络等渠道的客房预订 (9) 有专职的门卫应接服务人员，18 小时迎送宾客 (10) 有专职行李员，配有专用行李车，24 小时提供行李服务，提供小件行李寄存服务 (11) 提供代客预订和安排出租汽车服务 (12) 有专职人员处理宾客关系，18 小时在岗服务 (13) 提供礼宾服务 (14) 有管理人员 24 小时在岗值班	

规定二：运营质量评价

新标准对于酒店前厅运营质量的评价，主要包括服务质量与保养卫生，具体如下表所示。

酒店前厅运营质量评价

大类	类别	要求	备注
服务质量	总机	(1) 在正常情况下，电话铃响 10 秒内应答 (2) 接电话时正确问候宾客，同时报出酒店名称，语音清晰，态度亲切 (3)转接电话准确、及时、无差错(无人接听时,15 秒后转回总机) (4) 熟练掌握岗位英语或岗位专业用语	
	预订	(1) 及时接听电话，确认宾客抵离时间，语音清晰，态度亲切 (2) 熟悉酒店各项产品，正确描述房型差异，说明房价及所含内容 (3) 提供预订号码或预订姓名，询问宾客联系方式 (4) 说明酒店入住的有关规定，通话结束前重复确认预订的所有细节，并向宾客致谢 (5) 实时网络预订，界面友好，及时确认	
	入住登记	(1) 主动、友好地问候宾客，热情接待 (2) 与宾客确认离店日期，对话中用姓氏称呼宾客 (3) 询问宾客是否需要贵重物品寄存服务，并解释相关规定 (4) 登记验证、信息上传效率高，准确无差错 (5) 指示客房或电梯方向，或招呼行李员为宾客服务，祝愿宾客入住愉快	
	行李服务	(1) 正常情况下，有行李服务人员在门口热情友好地问候宾客 (2) 为宾客拉开车门或指引宾客进入酒店 (3) 帮助宾客搬运行李，确认行李件数，轻拿轻放，勤快主动 (4) 及时将行李送入房间，礼貌友好地问候宾客，将行李放在行李架或行李柜上，并向宾客致意 (5) 离店时及时收取行李，协助宾客将行李放入车辆中，并与宾客确认行李件数	
	礼宾、问讯服务	(1) 热情友好，乐于助人，及时响应宾客合理需求 (2) 熟悉酒店各项产品，包括客房、餐饮、娱乐等信息 (3) 熟悉酒店周边环境，包括当地特色商品、旅游景点、购物中心、文化设施、餐饮设施等信息；协助安排出租车 (4) 委托代办业务效率高，准确无差错	

（续表）

<table>
<tr><th>大类</th><th>类别</th><th>要求</th><th>备注</th></tr>
<tr><td rowspan="2">服务质量</td><td>叫醒服务</td><td>(1) 重复宾客的要求，确保信息准确
(2) 有第二遍叫醒，准确、有效地叫醒宾客，人工叫醒电话正确问候宾客</td><td></td></tr>
<tr><td>结账</td><td>(1) 确认宾客的所有消费，提供总账单，条目清晰、正确完整
(2) 效率高，准确无差错
(3) 征求宾客意见，向宾客致谢并邀请宾客再次光临</td><td></td></tr>
<tr><td colspan="2">维护保养与清洁卫生</td><td>(1) 地面：完整，无破损、无变色、无变形、无污渍、无异味、清洁、光亮
(2) 门窗：无破损、无变形、无划痕、无灰尘
(3) 天花（包括空调排风口）：无破损、无裂痕、无脱落，无灰尘、无水迹、无蛛网、无污渍
(4) 墙面（柱）：平整、无破损、无开裂、无脱落、无污渍、无蛛网
(5) 电梯：平稳、有效、无障碍、无划痕、无脱落、无灰尘、无污渍
(6) 家具：稳固、完好，与整体装饰风格相匹配。无变形、无破损、无烫痕、无脱漆、无灰尘、无污渍
(7) 灯具：完好、有效，与整体装饰风格相匹配。无灰尘、无污渍
(8) 盆景、花木、艺术品：无枯枝败叶、修剪效果好，无灰尘、无异味、无昆虫，与整体装饰风格相匹配
(9) 总台及各种设备（贵重物品保险箱、电话、宣传册及册架、垃圾桶、伞架、行李车、指示标志等）：有效、无破损；无污渍、无灰尘</td><td></td></tr>
</table>

步骤二　认识前厅

认识一：前厅部组织架构

前厅部的组织架构，如下图所示：

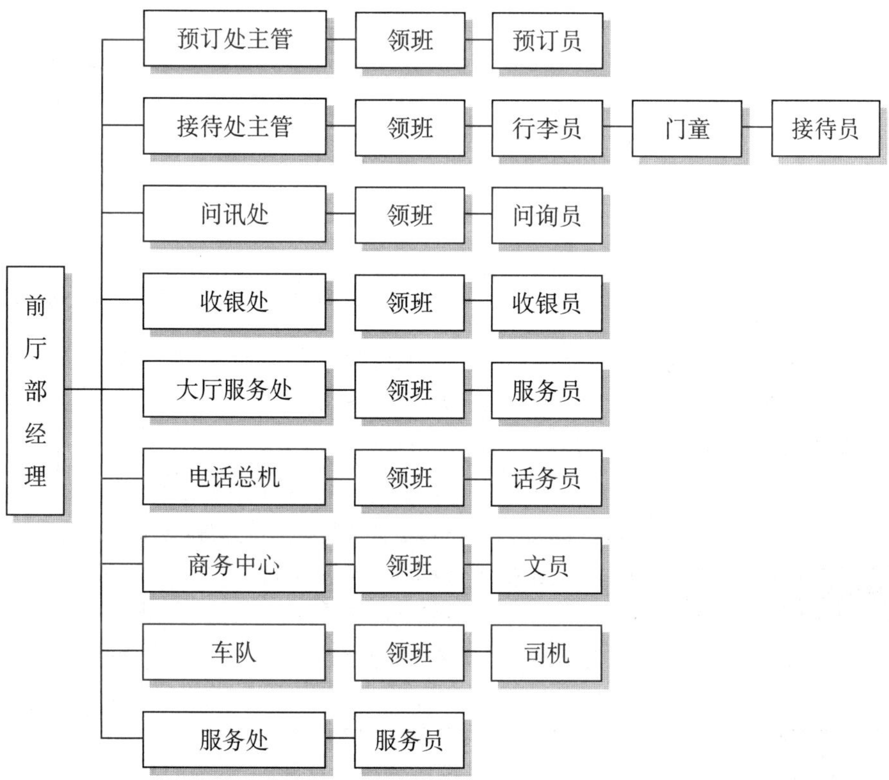

前厅部组织架构图

认识二：前厅的作用

前厅是酒店的重要组成部分，是加强酒店经营的第一个重要环节。

（一）酒店业务活动中心

（1）前厅通过客房的销售来带动酒店其他各部门的经营活动。为此，前厅部积极开展客房预订业务，为抵店的客人办理登记入住手续及安排住房，积极宣传和推销酒店的各种产品。

（2）前厅及时地将客源、客情、客人需求及投诉等各种信息通报有关部门，共同协调全酒店的对客服务工作，以确保服务工作的效率和质量。

（3）前厅是为客人服务的中心，是客人与酒店联络的纽带。前厅为客人服务从客人抵店前的预订、入住，直至客人结账，建立客史档案，贯穿于客人与酒店交易往来的全过程。

（二）酒店管理机构形象

前厅将会给客人留下深刻的第一印象，最初的印象极为重要。如果前厅工作人员能以彬彬有礼的态度待客，以娴熟的技巧为客人提供服务，或妥善处理客人投诉，认真有效地帮助客人解决疑难问题，那么客人对酒店的其他服务，也会感到放心和满意。反之，客人对一切都会感到不满。由此可见，前厅的工作直接反映了酒店的工作效率、服务质量和管理水平，直接影响酒店的总体形象。

（三）酒店管理机构的参谋和助手

作为酒店业务活动的中心，前厅能收集到有关整个酒店经营管理的各种信息，并对这些信息进行认真的整理和分析，每日或定期向酒店管理机构提供真实反映酒店经营管理情况的数据和报表。定期向酒店管理机构提供咨询意见，作为制订和调整酒店计划和经营策略的参考依据。

认识三：前厅的工作任务

（一）销售客房

前厅的首要任务是销售客房。前厅推销客房数量的多与少，达成价格的高与低，不仅直接影响着酒店的客房收入，同时，也间接地影响着酒店餐厅、酒吧等收入。

（二）正确显示房间状况

前厅必须正确地显示每个房间的状况——住客房、走客房、待打扫房、待售房等，为客房的销售和分配提供可靠的依据。

（三）提供相关服务

前厅必须向客人提供优质的订房、登记、邮件、问询、电话、留言、行李、委托代办、换房、钥匙、退房等各项服务。

（四）整理和保存业务资料

前厅应随时保持最完整、最准确的资料，并对各项资料进行记录、统计、分析、预测、整理和存档。

（五）协调对客服务

前厅要向有关部门下达各项业务指令，然后协调各部门解决执行指令过程中遇到的新问题，联络各部门为客人提供优质服务。

（六）建立客账

建立客账是为了记录和监视客人与酒店间的财务关系，以保证酒店及时准确地得到营业收入。客人的账单可以在预订客房时建立（记入定金或预付款）或是在办理入住登记手续时建立。

（七）建立客史档案

大部分酒店为住店一次以上的零星散客建立客史档案，记录相关内容。

步骤三　前厅环境控制

控制一：可视环境

可视环境就是指合理布局、流线设计、设施设备布置、光线等的具体运用而带给客人直观的视觉体验。对于可视环境的控制，如下图所示。

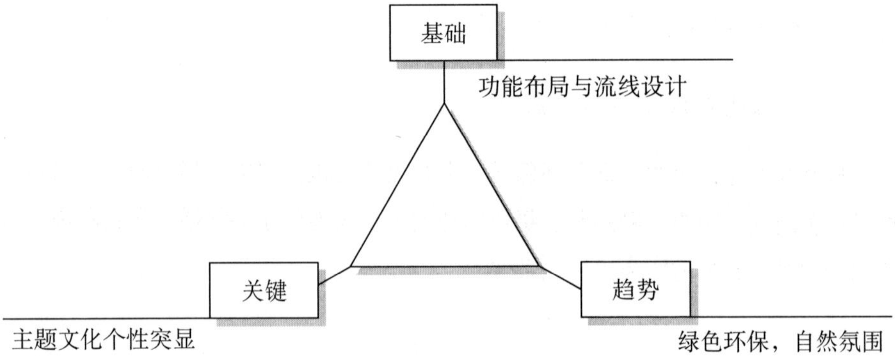

可视环境控制

（一）功能布局与流线设计

前厅功能布局与流线设计的内容，具体如下表所示。

前厅功能布局与流线设计

序号	类别	具体要求	备注
1	区域设置	（1）流动空间要有明显的指向性、流畅性 （2）滞留空间位于显著位置，不受干扰	
2	面积	（1）总面积根据酒店的类型、等级、规模与客房数确定 （2）功能区比例根据酒店服务项目、等级确定	
3	区域划分	根据酒店的等级、类型、规模以及主要客源市场的需求划分	

（续表）

序号	类别	具体要求	备注
4	设施设备	摆放位置、类型与前厅整体环境氛围相协调	
5	装饰与陈设	根据所要展示的主题与文化选择合适的装饰品	
6	声、灯、光	根据各个功能区的不同要求进行布置和设计	

（二）主题文化个性突显

酒店的主题文化一般是通过建筑外形、装饰风格以及装饰物品来体现与展示。前厅的主题文化主要有现代气息与文化，传统特色与地域风情，自然交融、回归故里，某一特色专门性文化等类型。

（三）绿色环保，自然氛围

自然的才是最美的，绿色环保是一个时代的主题。利用天然材质、绿色植物装饰是一种时尚，也是一种趋势。绿色的环境可以改善前厅小气候、美化环境，其所达到的效果是其他材质所无法企及的。

控制二：可感知环境

可感知环境就是一种软环境，就是服务氛围。让客人在欣赏前厅独特的氛围时，更加体会到酒店服务的温馨。可感知环境氛围的营造主要指服务人员的仪容仪表、礼仪规范、服务方式、服务效率以及团队精神等。

（一）仪容仪表

端庄的仪容仪表体现出服务人员对客人的尊重，会让客人产生信任感。

（二）礼仪规范

标准的礼仪规范，可以营造出对客服务主动性与积极性的服务环境。

（三）服务方式

科学、合理的服务方式可以创造出热情、高效、便于沟通的服务气氛。酒店常见的服务方式主要有坐式服务、“一卡式”服务、开放式服务、一站式服务。

（四）团队精神

团队精神可以营造出一个温暖、轻松、团结向上、充满生机与活力的服务环境。

步骤四　关键问题处理

问题一：如何检查和控制预订操作步骤

（一）检查、纠正差错

为保证预订受理、记录、变更、确认、资料储存及预测过程顺畅无误，必须对预订全过程进行检查，发现差错及时纠正；否则，任何一个环节出现失误，都将影响对客人的接待服务。常见的差错有：

（1）将订房人误认为住宿人。

（2）将抵店、离店日期写错。

（3）对影响预计出租率变化的数据掌握不准，如预订而未到的房间数、临时取消预订的房间数、提前和延期离店的房间数等。

（4）对房型分类专业用语不理解，如连通房与相邻房的区别，等等。

总之，在操作过程中必须避免上述差错的发生，提高预订控制工作的质量。

（二）及时处理“等候名单”

每天检查预订状况时，要特别注意对“等候名单”的检查。如果“等候名单”中的客人抵店前有可租房，应立即通知客人，经确认后，将其从“等候名单”中取消，列入预抵店客人名单；同时，对房情预订总表或电脑预订控制系统进行相应修改。

问题二：住满时对订房客人该如何处理

一般情况下，要尽量避免拒绝客人的订房，尽可能用其他途径帮客人订房。如若双人房已满，则可向客人介绍其他种类的房间（如套房等）或暂作候补，待有房间时，再确认给对方。这就需要订房人员要透彻地了解客人的心理，掌握预订情况，用友好、遗憾和理解的态度对待客人。一般采用以下步骤：

（1）根据预订情况，礼貌地拒绝客人。

(2) 称呼客人的姓，并说对不起。

(3) 讲述由于房间订满而无法安排，争取客人的理解。

(4) 客人表示理解后，可建议客人订其他日子的房间或其他种类的房间，给客人留下良好印象，为客人下次光临本店打下基础。

问题三：团队当天取消或没有到达时该怎样处理

(1) 当天取消团队。记录通知取消人的姓名、部门、日期、时间、取消团队的原因，通知接待处，在当天总表上取消团队住房，并根据合同，通知财务收取违约订金。

(2) 订房没到。已作预订的客房，没有按其预订日期入住，视为预订没到房。每天早班装订上一天的订单时，把旅行社的预订没到房的订单交接待主管检查并签名，复印后连同订单后的订房资料一起交预订处当班主管签名，登记在“预订没到簿”后，交财务签收。

预订没到的必须翻查旅行社所发来的订房资料是否与订单内容相符，且要通知销售部。

问题四：超额订房该如何处理

超额订房处理，具体如下表所示。

超额订房处理

序号	类别	处理方法	备注
1	提高客房出租率	(1) 核对房间报告、客房状况控制表、账卡，可以增加客房的供应 (2) 检查应退房而未退房者 (3) 检查仍在修理中的房间 (4) 询问同一团队的住客是否愿意两人共住一房 (5) 是否有已占用的房间可以再利用	
2	检查订房通知	(1) 订房单是否重复 (2) 日期是否有错 (3) 查核是否有给当日抵达的预订客人重复配房	

（续表）

序号	类别	处理方法	备注
3	客房不足	（1）无房间可分配给客人，则应预先安排客人至其他酒店住宿 （2）由高级主管出面处理，以示尊重 （3）请客人到办公室向他解释，让客人感到礼遇 （4）向客人说明超额订房对酒店的必要性，而客房供应不足的情况特殊，请求谅解 （5）由酒店出车资或派车载送客人到所安排的住宿地点 （6）向客人说明其行李、电话留言及其他事项，酒店将会继续为其服务 （7）保证如有空出客房，会从速接其回酒店住宿 （8）接回时应附送鲜花、水果 （9）由经理致歉；如客人不再回来，应再具函致歉，以示郑重 （10）视同客人抱怨的处理，以诚恳的态度解释、道歉，并请求客人谅解	

问题五：如何为客人进行客房调配

客房调配是指根据酒店现有的客房形态与数量作适度调整，以满足客人所需。通常在调配客房作业时，会先询问客人是否有订房，以确定客人是否已事先订房，并向前厅查询、确认，以保留适当客房给客人。查询的目的：如果“有订房”的客人被当作“未订房”办理登记，不但占住了一个房间，而且预订的房间仍然会继续保留，则酒店有损失收入的可能。

（一）对未订房的客人

确定客人的需要，查看客房分配表。客人对于住房的要求必须询问清楚，以免造成误会。

（二）对有订房的客人

根据订房卡上所记录的客人住房需求，安排所需的房间。

虽然客人的特殊需求已在订房卡或住客档案上有记录，但是办理入住时，根据上面所记载的资料仍需多方面询问客人，以确定是否有误，或依其需要略作调整。

预订房的配房工作，可在获得当日预订退房名单及空房资料时预先完成，以减少客人办理入住手续所需的时间。

（三）保留房间

在客房分配表上，将分配的房间标示出来。此项措施意在保留房间，以免将已经预订的房间重复出租。

问题六：如何核对客房情况

客房情况必须加以核对，以求落实。核对的依据应为房间检查报告，此报告由客房部填写，送交前厅部，具体内容如下表所示。

核对客房情况

序号	类别	具体内容	备注
1	核对钥匙	按照房号顺序，逐一核对每一客房与钥匙柜的状态： （1）如客房状态为客人延长住宿，则前厅部应没有钥匙 （2）如客房状态为迁出，则前厅部应有钥匙 （3）如有错误，则予以记录，以便查验修正	
2	核对客房状况控制表	重复上述“核对钥匙”的作业要领，并检查控制表上的住客姓名。值得注意的是客房状态有下列几种情况，应与房间检查报告一致：已退出的客房，本日停留，已完成清洁的客房，故障客房	
3	核对客人账卡	重复上述“核对钥匙”的作业要领，并检查账卡柜（或电脑中客人住店消费资料）、住宿登记卡及订房卡。如客人为本日停留的状态，则住宿登记表应有详细记录	
4	错误发生原因	（1）房间调换手续（即换房）未办妥 （2）退房手续未办妥 （3）入住手续未办妥 （4）住客登记卡放错（电脑资料输入错误） （5）账卡位置放错（或因人为疏忽而导致电脑入错账） （6）钥匙位置放错，或客人退房未交回钥匙	

问题七：当酒店提供产品与客人的要求不符时该怎么办

接待员在接待订房客人时，应复述其订房要求，以获得客人确认，避免客人误解。房卡上填写的房价应与订房资料一致，并向客人口头报价。如果出现无法向订房客人提供所确认的房间，则应向客人提供一间价格高于原客房的房间，按原先商定的价格出租，并向客人说明情况，请客人谅解。

问题八：如何应对酒店“黑名单”上的人

酒店“黑名单”上的人主要包括曾经在酒店住宿，发生了一些不轨的行为（如在住店期间有偷盗行为、使用假钞和假信用卡实施欺诈行为和逃账行为的客人），损害了酒店和其他宾客的利益，不受酒店欢迎的客人。酒店遇到此类人前来住宿，应采取的措施是：

（1）发现可疑的“黑名单”上的人，迅速报告前厅部主管和经理。

（2）确认无误后，若是以前的逃账客人，追讨以前所欠的账目，否则拒绝其入住该酒店。

（3）若暂时不能确认，保持冷静和礼貌，请该客人在总台预付住宿费押金。

（4）通知酒店各相关部门密切注意其动向，若有不轨的行为立即通知相关部门处理。

问题九：当叫醒出现特殊情况时该如何处理

（1）如发现漏叫或没有打印出来的叫醒客人，话务员必须用电话叫醒客人，并作好记录。

（2）如客房叫醒无人应答，话务员必须立即通知客房服务中心或大堂经理去客房检查，并作出详细记录。

（3）如有客人要求取消叫醒服务，话务员必须在登记本、电脑上同时作出更正，并在交接班笔记上说明。

（4）如有客人要求多次叫醒时，话务员必须在“叫醒登记本”上作出说明。

问题十：如何做好夜间审核

夜审工作是将从上个夜班核查以后所收到的账单及房租，登录在客人账户上，并做好汇总和核查工作：

（1）检查是否所有营业部门的账单都已转来。

（2）检查是否所有单据都已登录账户。

（3）将所有尚未登账的单据登录账户。

（4）按部门将单据分类，计算出各部门的收入总额。

（5）累计现金表，检查收到现金和代付现金的总额。

（6）检查是否所用现金表上的项目都已登录在账户上。

（7）进行一切必要的修正。

（8）检查所有折让和回扣是否有相关责任人签字批准，以及是否登录在账册上。

（9）将当日房租登记在账卡上。

（10）将每个账卡的借方和贷方账目分别相加，求出当日的余数。

在上述整理汇总的基础上，夜间查账员要将账户上的信息按项目登录到有关的账册上，并求出总数。然后，做好下列检查工作：

（1）检查每个营业部门的借方栏总数是否与相应的销售收入一致。

（2）将现金收入栏和代付栏总数与现金表相比较，以确认两数相符。

（3）检查折让和回扣总数是否与有关单据上的总数相符。

（4）将开账余数栏的总和与上一天结账时的余数总和作比较。

在此基础上，夜审员还负责制作报表，做好客房收入统计、餐饮收入统计、综合服务收入统计，以及全店收入审核统计。此类报表全面反映酒店经济活动，是酒店的重要商业情报，应加以保密控制；并上报总经理室及转送其他相关部门，作为掌握和调整经营管理的重要依据。

步骤五　实操管理流程

流程一：电话预订流程

流程名称	电话预订流程
所属部门	前厅部
流程图	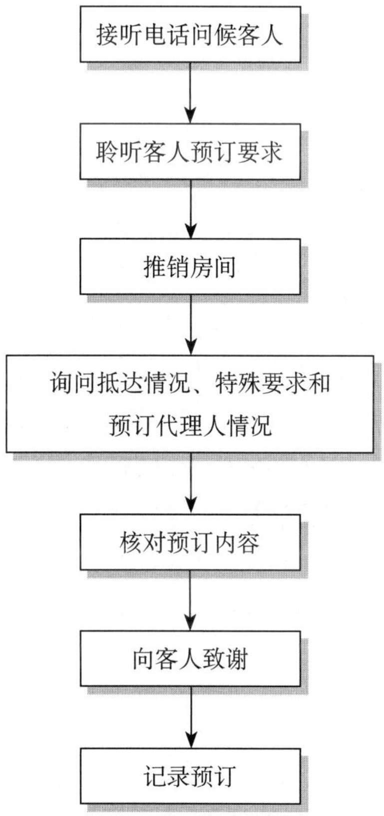
备注	

流程二：散客入住工作流程

流程名称	散客入住工作流程
所属部门	前厅部
流程图	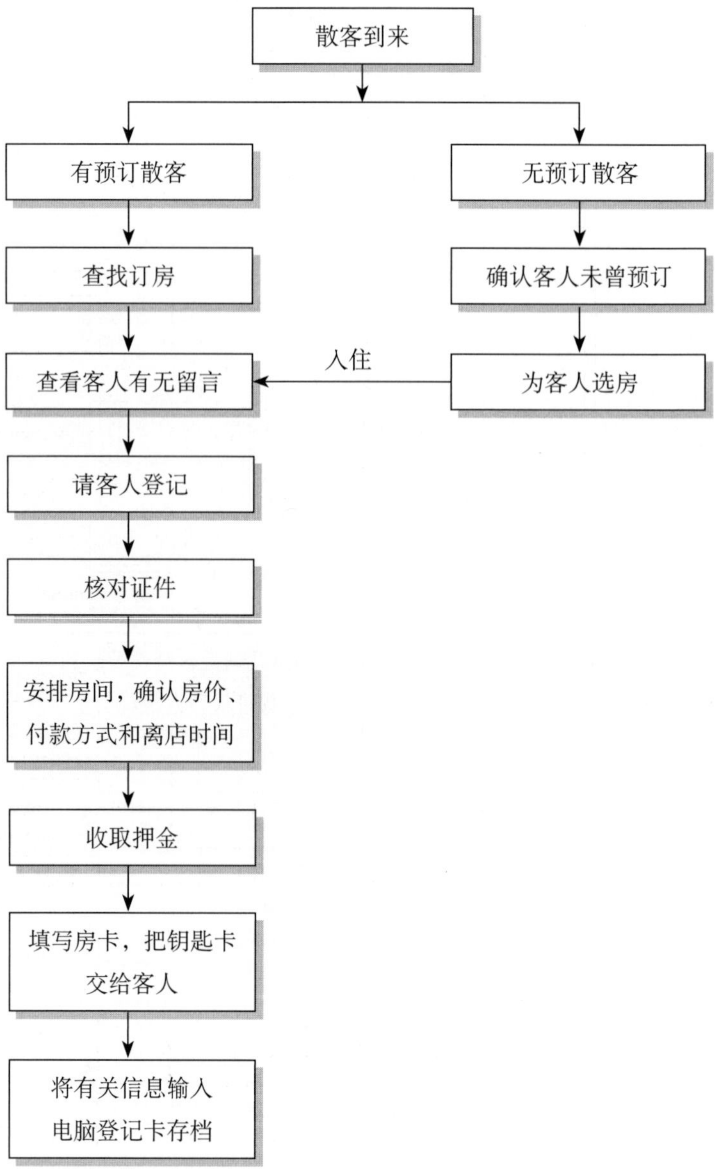
备注	

流程三：VIP客人入住接待流程

流程名称	VIP 客人入住接待流程
所属部门	前厅部
流程图	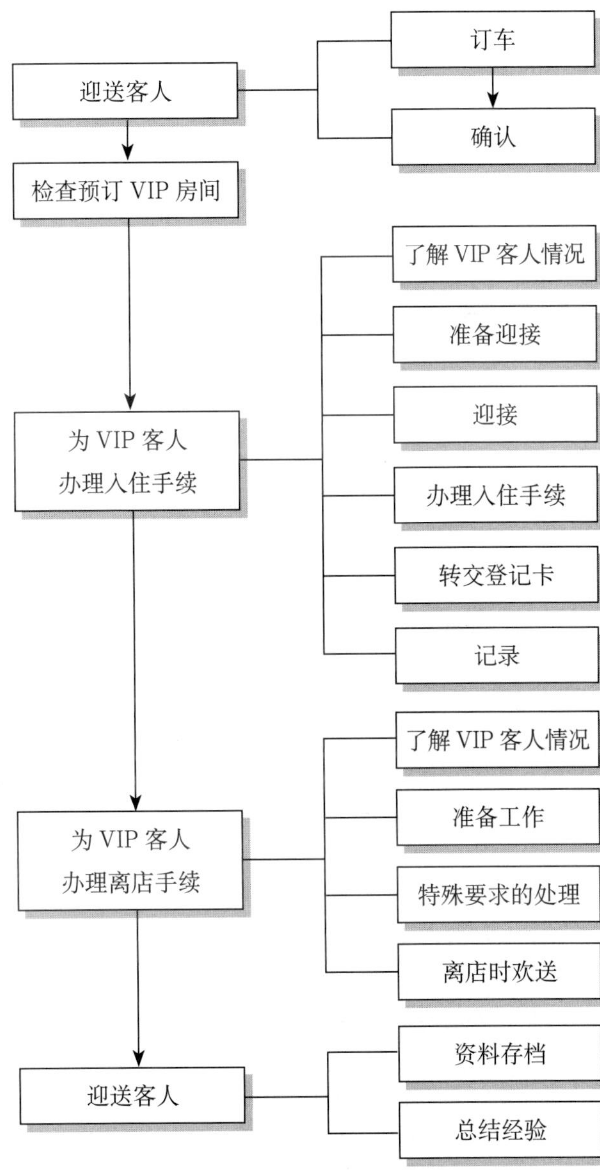
备注	

流程四：住店客人换房服务流程

流程名称	住店客人换房服务流程
所属部门	前厅部
流程图	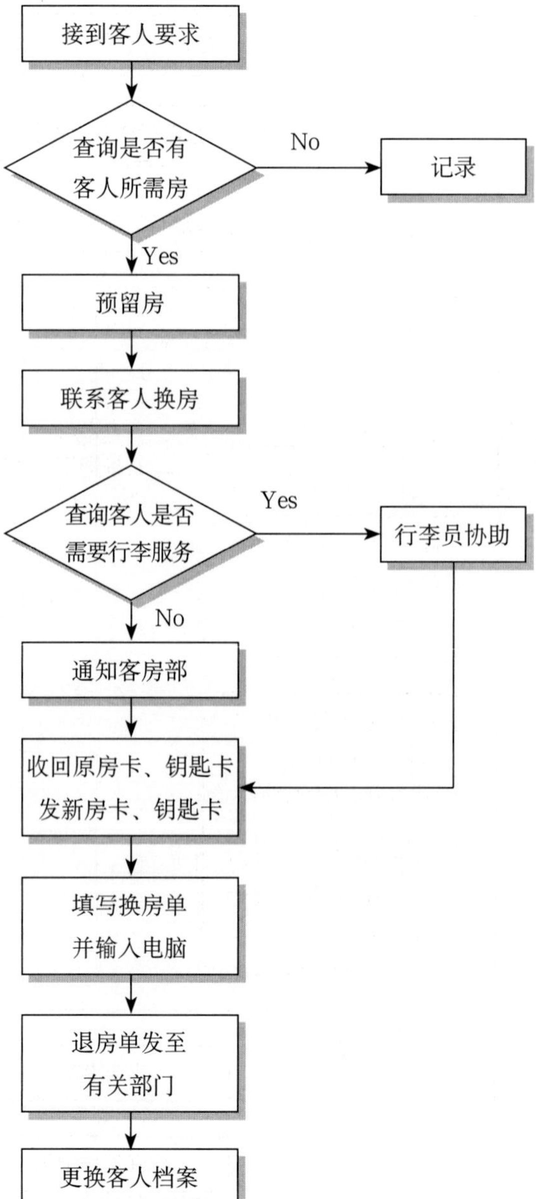
备注	

流程五：离店行李服务流程

流程名称	离店行李服务流程
所属部门	前厅部
流程图	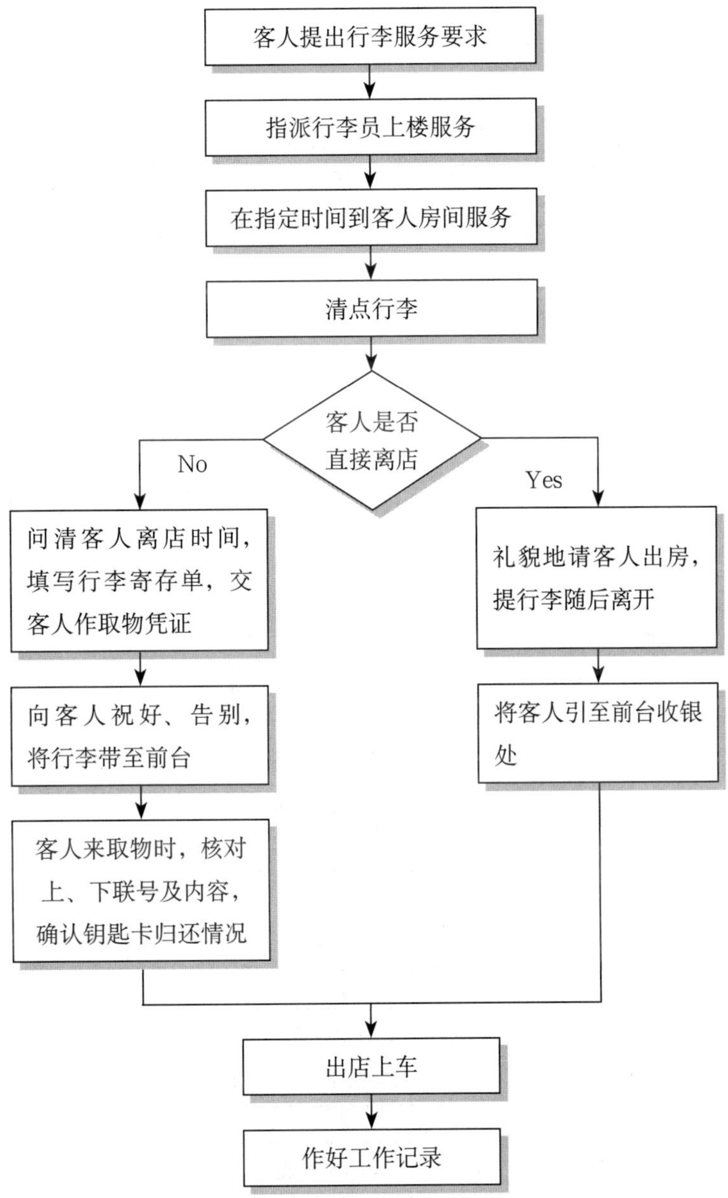
备注	

流程六：处理客人投诉工作流程

<table>
<tr><td>流程名称</td><td>处理客人投诉工作流程</td></tr>
<tr><td>所属部门</td><td>前厅部</td></tr>
<tr><td>流程图</td><td>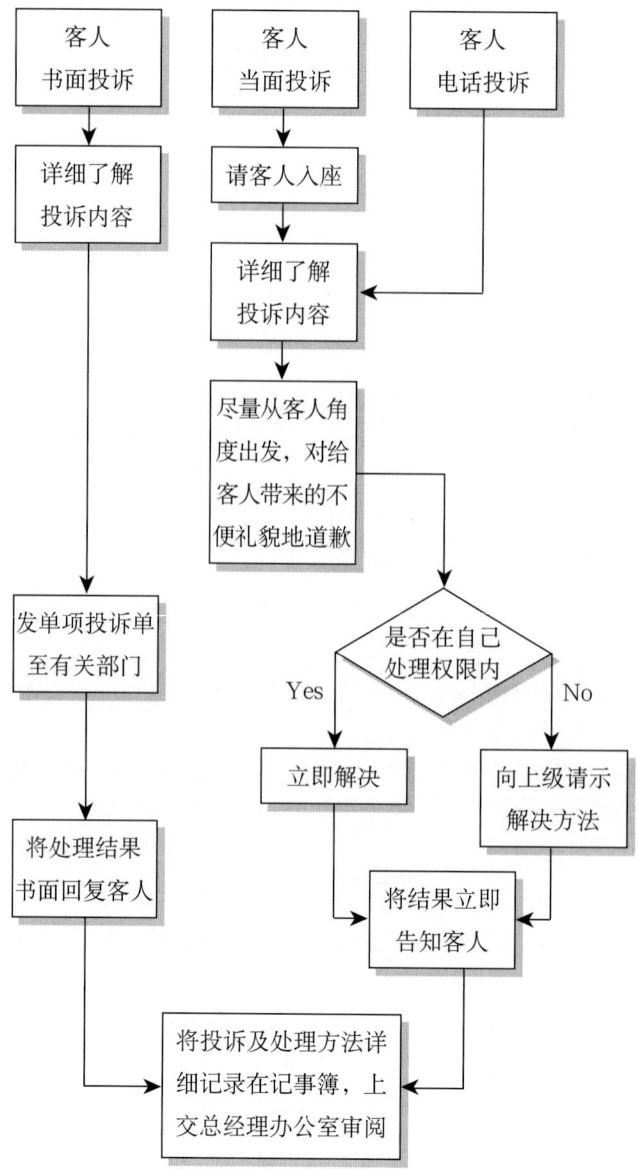
</td></tr>
<tr><td>备注</td><td></td></tr>
</table>

步骤六　实操管理制度

制度一：前厅部内部信息传递规定

<table>
<tr><td colspan="2">公司标准文件</td><td rowspan="2">前厅部内部信息传递规定</td><td>文件编号</td><td></td></tr>
<tr><td>版本</td><td>A / 0</td><td>页　次</td><td></td></tr>
</table>

1. 目的

为确保前厅部内部信息传递流畅，加强团结协作，提高服务质量，特制定本规定。

2. 适用范围

本规定适用于前厅部内部信息传递管理。

3. 管理内容

3.1 预订—接待

3.1.1 预订处中班每日下班前将第二天的VIP客人通知单和预计到店客人及第二天预订单的第二联交予接待处。

3.1.2 预订处下班后，接待处代接预订，填写预订单，第二天早上交至预订处，由预订处输入电脑。

3.1.3 预订处接收接待处早班送来的客人未到通知单、未预订报告、房态表、取消通知单并存档。

3.1.4 如果有客人直接到接待处预订，接待员应代接，填好预订单后交至预订处。

3.1.5 预订处应向接待处提供有关客人预订的信息情况。

3.1.6 预订处将团体的预订单、电传、名单在团体到达前一天交于接待处。

3.1.7 若是VIP客人住店，预订处填写礼品单，礼品单的第一联交接待处。

3.1.8 若客人有餐饮要求，预订处根据餐饮所提供的用餐地点，写在预订单上交接待处。

3.2 预订—行李

3.2.1 预订处中班将第二天需接机的客人名单、客人到店通知单、VIP客人通知单在下班前送至行李处。

3.2.2 预订处如接到当天飞机航班任何信息，应打电话立即通知行李处。

3.2.3 预订处应将下星期团体客人数量报表交于行李处。

3.3 大堂经理—接待

3.3.1 如果客人要寄存或委托交付贵重物品，如：飞机票、照相机、护照等，接待员要及时通知大堂经理代为保管。

3.3.2 每天夜班接待员将第二天的“贵宾通知单”、“在店客人名单”打印好交给值夜班的大堂经理。

3.3.3 每天 10：30 和 20：00，总台接待员将打印或复印好的房态报表交给大堂经理。

3.3.4 总台接待员将每天新增的 VIP 客人名单交给当班的大堂经理。

3.3.5 大堂经理要随时督查员工的工作和纪律。

3.4 大堂经理—行李

3.4.1 在 VIP 客人抵店时，由行李督导或领班负责专门指定一辆专用电梯等候。

3.4.2 在 VIP 客人离店时，由大堂经理和行李员一起上楼，行李员负责运行李，大堂经理问候客人、征求意见和建议。

3.4.3 行李员负责有关报表、表格的发送工作。

拟定		审核		审批	

制度二：留言处理规定

<table>
<tr><td colspan="2">公司标准文件</td><td rowspan="2">留言处理规定</td><td>文件编号</td><td></td></tr>
<tr><td>版本</td><td>A / 0</td><td>页　次</td><td></td></tr>
</table>

1. 目的

为了帮助客人及时传递信息，了解客人需要，规范留言操作，特制定本规定。

2. 适用范围

本规定适用于前厅部内部信息传递管理。

3. 管理内容

3.1 查寻客人信息

3.1.1 接到留言要求后，迅速在电脑中查寻客人的名字、房号是否与要求留言者所提供信息相符。

3.1.2 核对客人是否正在住店，客人是否预抵但尚未登记入店；除非客人已结账离店，否则应作留言。

3.2 准确记录留言内容

3.2.1 记录留言者姓名、电话号码，是从何处打来的电话。

3.2.2 准确记录留言内容。

<table>
<tr><td colspan="6">3.3 重复留言内容
将对方姓名、住店客人姓名、电话号码，及留言内容重复一遍以获确认。
3.4 留言条处理
3.4.1 打印留言条，装入留言信封。
3.4.2 一联交行李员在30分钟之内送往客人房间，另一联留底备查。
3.5 总机接留言
3.5.1 通过电话系统打开客人房间内电话上的留言灯，以便通知客人查询留言。
3.5.2 通知前台作留言条处理。
3.6 住店客人留言
将客人的房间号码、当时时间、客人姓名在留言登记本上记录后由行李员签字取走，送往客人房间。
3.7 取消留言
3.7.1 当客人收到留言后应将电脑中的留言取消。
3.7.2 关闭留言灯。
3.8 夜班核查留言
夜班问询员每天零时从电脑中打印出当天留言记录表，取消当天在电脑中的留言，关闭房间里的留言灯。
3.9 预抵客人的留言
3.9.1 电脑留言方法和住店客人留言一致，只是留言储存在电脑中，等客人入住登记后由打印机自动打出。
3.9.2 手工留言存放在问讯处存档中，每天查询；在客人到店的当日将其取出，与客人住店登记卡放在一起，以便客人入住登记时及时收到留言。
3.10 有时间限制的重要留言
3.10.1 在所限时间前15分钟内仍无法联系到被留言的客人时，及时上报，采取查询客人接待单位，礼宾员摇铃寻人，客房部到房间确认房况及留言状态等措施。
3.10.2 及时将处理结果反馈给留言者。</td></tr>
<tr><td>拟定</td><td></td><td>审核</td><td></td><td>审批</td><td></td></tr>
</table>

步骤七　实操管理表格

表格一：散客行李进出店登记表

散客行李进出店登记表

日期：

房号	客人姓名	人数	时间		行李件数		行李员姓名		备注
			进店	离店	进店	离店	进店	离店	

表格二：团队行李进出店登记表

团队行李进出店登记表

日期：

<table>
<tr><td>团队名称</td><td colspan="2"></td><td>人数</td><td></td><td>抵店日期</td><td></td><td>离店日期</td><td></td></tr>
<tr><td></td><td>时间</td><td>总件数</td><td>行李押运员</td><td colspan="2">酒店行李员</td><td colspan="2">领队签字</td><td>车号</td></tr>
<tr><td>进店</td><td></td><td></td><td></td><td colspan="2"></td><td colspan="2"></td><td></td></tr>
<tr><td>离店</td><td></td><td></td><td></td><td colspan="2"></td><td colspan="2"></td><td></td></tr>
</table>

（续表）

<table>
<tr><th rowspan="2">房号</th><th colspan="3">进店件数</th><th colspan="3">离店件数</th><th>行李收取时间</th></tr>
<tr><th>行李箱</th><th>行李包</th><th>其他</th><th>行李箱</th><th>行李包</th><th>其他</th><th>备注</th></tr>
<tr><td></td><td></td><td></td><td></td><td></td><td></td><td></td><td></td></tr>
<tr><td></td><td></td><td></td><td></td><td></td><td></td><td></td><td></td></tr>
<tr><td></td><td></td><td></td><td></td><td></td><td></td><td></td><td></td></tr>
<tr><td></td><td></td><td></td><td></td><td></td><td></td><td></td><td></td></tr>
<tr><td>合计</td><td></td><td></td><td></td><td></td><td></td><td></td><td></td></tr>
<tr><td colspan="4">进店
行李主管：
日期／时间：</td><td colspan="4">离店
行李主管：
日期／时间：</td></tr>
</table>

表格三：客房预订预测表

客房预订预测表

预报周期：从　　月　　日至　　月　　日　　　　　　　　　填表日期：　　月　　日

日期	星期	预抵散客房数	预抵团队房数	预离散客房数	预离团队房数	散客住店房数	团队住店房数	酒店用房数	维修房数	已订房间数	预计平均房价（元）	预计出租房数	预计出租率（%）	预计空房间数
合　计														

制表人：

表格四：叫早服务单

叫早服务单

日期：

序号	团名或房号	叫早时间	预订号	领队	陪同	签字

表格五：住客留言单

住客留言单

致：　　　　　　　　　　来自：

房号：

日期：

从______月______日上午 / 下午______月______日至上午 / 下午

我将会在：

留言：

服务员：　　　　　　　　　　日期：

表格六：订房表

订房表

称谓			
到达日期		离开日期	
预订到达时间		航班号码	
房间形态		房号	
住房人数		房价	
联络方式		联　络	
公司名称			
电话		公司地址	
传真		付款方式	
订房保证金		信用卡号码	
附注		确认与否	
经手人			
日期			

表格七：延长或取消订房表

延长或取消订房表

□延长　　　　□取消

客人姓名			
到达日期		离开日期	
住宿要求		房价	
附注			
日期		经手人	

表格八：订房申请表

订房申请表

编号：

<table>
<tr><td>来宾／团体名称</td><td></td><td>国籍</td><td></td><td>人数</td><td colspan="3">来宾 人，陪同 人，总计 人</td></tr>
<tr><td>来自</td><td colspan="3"></td><td colspan="2">飞机／船（航班）</td><td colspan="2"></td></tr>
<tr><td>到店时间</td><td colspan="3">月 日</td><td colspan="2">火车（车次）</td><td colspan="2"></td></tr>
<tr><td>抵达时间</td><td colspan="3">月 日</td><td colspan="2">留房时间</td><td colspan="2"></td></tr>
<tr><td>离店时间</td><td colspan="3">月 日</td><td>定金</td><td colspan="3">有（ ）无（ ）</td></tr>
<tr><td rowspan="3">客房要求</td><td>房类</td><td>房数</td><td>房价</td><td>布置要求</td><td colspan="3">其他</td></tr>
<tr><td></td><td></td><td></td><td></td><td colspan="3" rowspan="2"></td></tr>
<tr><td></td><td></td><td></td><td></td></tr>
<tr><td rowspan="3">餐饮要求</td><td>餐厅</td><td>时间</td><td>人数</td><td>标准</td><td>要求</td><td colspan="2">其他</td></tr>
<tr><td></td><td></td><td></td><td></td><td></td><td colspan="2" rowspan="2"></td></tr>
<tr><td></td><td></td><td></td><td></td><td></td></tr>
<tr><td rowspan="2">出租车</td><td>用途</td><td>车型</td><td>用车时间</td><td>起止地点</td><td>收费</td><td colspan="2">其他</td></tr>
<tr><td></td><td></td><td></td><td></td><td></td><td colspan="2"></td></tr>
<tr><td rowspan="5">费用结算</td><td>承付项（不承付部分请勾销）</td><td>房租</td><td>餐饮</td><td>洗衣</td><td>房间酒水</td><td>电话费</td><td>杂费</td><td>说明</td></tr>
<tr><td>宾客房间</td><td rowspan="2"></td><td rowspan="2"></td><td rowspan="2"></td><td rowspan="2"></td><td rowspan="2"></td><td rowspan="2"></td><td rowspan="2"></td></tr>
<tr><td>陪同房间</td></tr>
<tr><td>承付单位</td><td colspan="2"></td><td colspan="2">订房人</td><td colspan="3"></td></tr>
<tr><td>优惠卡号</td><td colspan="2"></td><td colspan="2">联系人</td><td colspan="3"></td></tr>
<tr><td>订房人</td><td></td><td>电话</td><td></td><td colspan="2">日期／时间</td><td colspan="3"></td></tr>
<tr><td>更改／取消人</td><td></td><td>电话</td><td></td><td colspan="2">日期／时间</td><td colspan="3"></td></tr>
<tr><td>留言</td><td colspan="2">有（ ）无（ ）</td><td>回复</td><td colspan="5">电话（ ）传真（ ）</td></tr>
<tr><td>接受单位</td><td colspan="2"></td><td>公司号码</td><td colspan="5"></td></tr>
<tr><td>备注</td><td colspan="8"></td></tr>
</table>

经办人： 年 月 日

表格九：订房确认书

订房确认书

致： 由：

传真： 姓名：

姓名： 日期：

姓名	性别	国籍	房类	入住日期	航班号码	退房日期

注：本酒店设有豪华双人房、非吸烟楼层，如需入住请说明。

结算办法	房租	餐饮	客房饮料	洗衣	长途电话	康乐	其他
现付							
记账							
其他							

订房人	
特殊要求	

公司及持卡人编号	电话	传真	挂账签章：

酒店回复意见	以上委托：已确认（ ）房满未能确认（ ）
备 注	(1) 订房保留到当天 时 分。 (2) 如有更改请即通知酒店订房处。

第二章

酒店客房经营管理

引言：

新标准将客房列为酒店的核心产品，酒店最基本的功能是为宾客提供住宿服务。客房是宾客在酒店停留时间最长、体验最深、最私密的空间。因此，新标准更加明确地引导酒店要对客房高度关注，客房管理自然就是酒店管理中最重要的组成部分。

步骤一　了解国家最新规定

作为酒店管理者，要掌握国家最新的各项关于酒店的政策法规，以便随时进行调整，达到规定要求。

规定一：客房数量与面积要求

新标准对不同星级客房数量与面积要求，具体如下表所示。

不同星级客房数量与面积要求

序号	星级	要求	备注
1	一星级	应有至少 15 间（套）可供出租的客房	
2	二星级	应有至少 20 间（套）可供出租的客房	
3	三星级	(1) 应有至少 30 间（套）可供出租的客房 (2) 应有单人间、套房等不同规格的房间配置	
4	四星级	(1) 应有至少 40 间（套）可供出租的客房，70% 客房的面积（不含卫生间）应不小于 20 平方米 (2) 应有标准间（大床房、双床房），有两种以上规格的套房（包括至少 3 个开间的豪华套房），套房布局合理	
5	五星级	(1) 应有至少 50 间（套）可供出租的客房，70% 客房的面积（不含卫生间和门廊）应不小于 20 平方米 (2) 应有标准间（大床房、双床房），残疾人客房，两种以上规格的套房（包括至少 4 个开间的豪华套房），套房布局合理	

规定二：客房卫生间要求

新标准对客房卫生间的要求，具体如下表所示。

客房卫生间的要求

序号	星级	要求	备注
1	一星级	（1）客房内应有卫生间或提供方便宾客使用的公共卫生间 （2）客房卫生间及公共卫生间均采取必要防滑措施 （3）应 24 小时供应冷水，每日固定时段供应热水，并有明确提示	
2	二星级	（1）至少 50% 的客房内应有卫生间，或每一楼层提供数量充足，男女分设，方便使用的公共盥洗间 （2）客房卫生间及公共盥洗间均采取有效的防滑措施 （3）应 24 小时供应冷水，至少 12 小时供应热水	
3	三星级	（1）客房内应有卫生间，装有抽水马桶、梳妆台（配备面盆、梳妆镜和必要的盥洗用品）、浴缸或淋浴间 （2）采取有效的防滑、防溅水措施，通风良好 （3）采用较高级建筑材料装修地面、墙面和天花，色调柔和，目的物照明效果良好 （4）有良好的排风设施，温度、湿度与客房适宜 （5）有不间断电源插座。24 小时供应冷、热水	
4	四星级	（1）客房内应有装修良好的卫生间 （2）有抽水马桶、梳妆台（配备面盆、梳妆镜和必要的盥洗用品）、有浴缸或淋浴间，配有浴帘或其他防溅设施 （3）采取有效的防滑措施 （4）采用高档建筑材料装修地面、墙面和天花，色调高雅柔和 （5）采用分区照明且目的物照明效果良好 （6）有良好的低噪音排风设施，温度、湿度与客房适宜 （7）有 110/220 伏不间断电源插座、电话副机，配有吹风机 （8）24 小时供应冷、热水，水龙头冷热标志清晰 （9）所有设施设备均方便宾客使用	

(续表)

序号	星级	要求	备注
5	五星级	(1) 客房内应有装修精致的卫生间 (2) 有高级抽水马桶、梳妆台（配备面盆、梳妆镜和必要的盥洗用品)、浴缸并带淋浴喷头（另有单独淋浴间的可以不带淋浴喷头)，配有浴帘或其他有效的防溅设施 (3) 采取有效的防滑措施 (4) 采用豪华建筑材料装修地面、墙面和天花，色调高雅柔和 (5) 采用分区照明且目的物照明效果良好 (6) 有良好的无明显噪音的排风设施，温度、湿度与客房无明显差异 (7) 有 110 伏 /220 伏不间断电源插座、电话副机。配有吹风机 (8) 24 小时供应冷、热水，水龙头冷热标志清晰 (9) 所有设施设备均方便宾客使用	

规定三：洗衣服务要求

新标准对洗衣服务的要求是三星级应宾客要求提供洗衣服务。四星级和五星级应提供客衣干洗、湿洗、熨烫服务，可在24小时内交还宾客，可提供加急服务。

步骤二　认识客房部

认识一：客房部组织架构

客房部的组织架构，具体如下图所示。

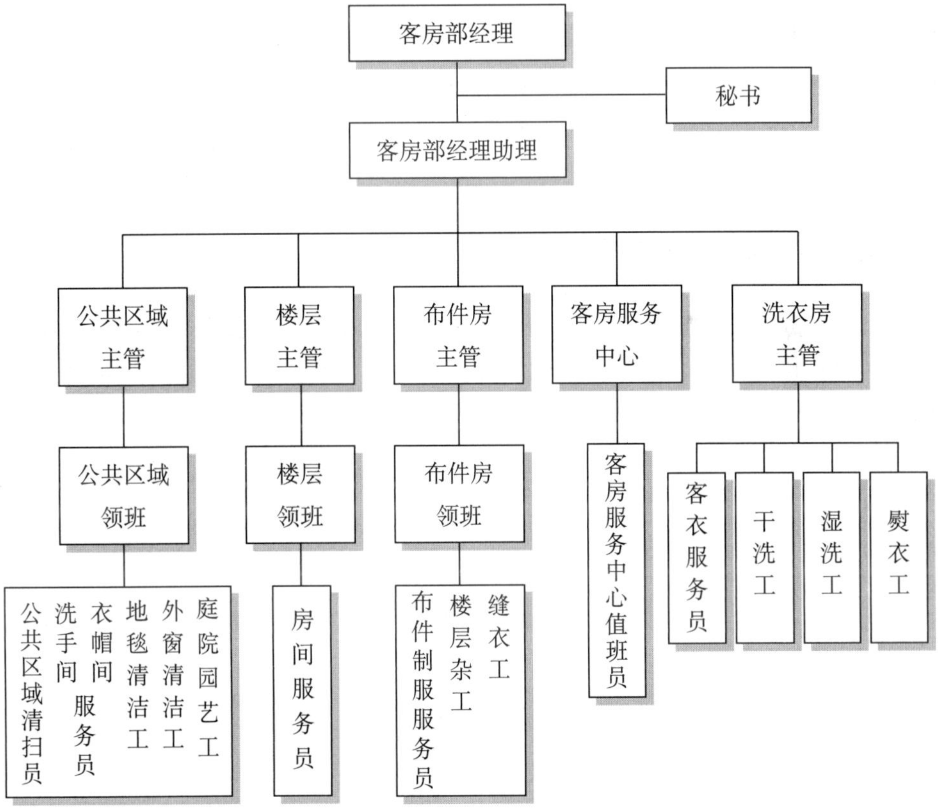

酒店客房部组织架构图

认识二：客房部作用

（一）重要组成部分

客房部是酒店为客人提供外出旅行投宿、暂时居留服务的主要部门。客人在酒店的大部分时间都是在客房度过的，客房服务质量的好坏，包括服务态度是否热情、房间是否清洁、设施是否完善等，都会引起客人的评论，它是构成客人对酒店印象的重要组成部分。

（二）经济活动的枢纽

酒店创收的途径是多种多样的，但客房租金收入是酒店营业收入的主要组成部分。客房部在整个酒店中占有非常重要的地位，它的经营带动了整个酒店的经营管理，它是酒店一切经济活动的枢纽。

（三）影响客源重要因素

酒店是一种服务行业，是旅行在外的客人进行消费的场所，客人住进酒店，一般都会要求有高质高效的服务，因此客房管理的好坏，能否满足客人的需求，就成为直接影响酒店客源多少的重要因素。

（四）决定酒店水平关键因素

酒店的设备主要体现在客房，而客人衡量酒店等级水平及星级酒店评定的一个重要方面就是看其设备，包括房间的墙壁、家具及地面的装饰，房间的布置如何，房间电器及卫生间设备是否完好，使用是否方便；客人衡量酒店水平的另一个指标是服务，员工的工作态度、服务技巧等都会给客人留下深刻的印象。因此，客房的设备加上服务，就成为决定酒店水平的关键因素。

认识三：客房部工作任务

（一）热情周到服务

客房部员工必须真诚热情地为客人提供服务。因为客房是客人在酒店居住时的主要停留场所，停留时间长，所以客人居住期间的大部分服务工作都是由客房部来提供的，必须做到24小时为客人服务。

（二）保持客房干净、整齐和舒适

在酒店停留期间，客房是客人起居休息的地方，使其保持清洁整齐的状态是酒店应尽的义务。所以客房部要定人定责，每天检查、清扫、整理客房，为客人提供良好的住宿环境。

（三）设备维修和保养

客房的设备设施、空间设计和楼层高低，都代表酒店的品级，也是酒店房价制定的尺度。酒店之所以被评鉴为五星级、四星级，其客房的规划、设施水准、物品配备也是重要的评价依据。因此，酒店要维持自己的经营，必须加强客房的管理，加强客房设备设施的维护与保养，延长其使用寿命。

（四）安全保障

安全需要是客人在酒店居住时的最基本要求之一，如果连安全都得不到保障，客人是不可能选择在酒店住下去的。

（五）员工制服与布巾管理

员工的服装仪容代表着酒店的精神与朝气，制服平时的收发、洗涤、储备，都关乎员工的工作态度与形象。客房部负责员工制服的管理工作。酒店客房的床单、浴室的大小毛巾和浴袍、餐厅的各式桌巾与餐布，都是提供给住客及消费者直接使用，客房部也应尽力做好其管理的工作。

（六）与其他部门沟通协调

客房工作做得好与否，不仅在于其本身，还与其他相关部门有着密不可分的联系，受其他部门的制约。因此，为了搞好对客人的服务工作，客房部必须与前厅、餐厅、后勤等部门加强联系，进行信息传递与沟通，与之协调配合，共同努力，为客人提供最优质的服务。

步骤三　客房氛围控制

控制一：环境质量

客房的环境质量主要包括客房的热环境、空气洁净度、声环境、光环境等。良好的客房环境应该是有效的通风、天然或适当照明、室内空气质量良好、良好的声环境、无化学危害品污染。

控制二：主题客房环境

主题客房是根据客人的不同需要，按不同的主题设计，在布局、设施设备、装饰与陈设等方面进行考虑。

（一）主题客房特征

主题客房特征，具体如下表所示。

主题客房特征

序号	特征	具体内容	备注
1	个性	在视觉空间、文化体验以及服务内容和服务方式上都与一般客房不同，具有个性，能够满足不同顾客、不同层次需要	
2	浓郁文化	浓郁的文化气息是主题客房一大特征，包括主题、设计理念、展示手段与展示内容的文化性	
3	人性化	注重客人心理感受，根据客人不同需要进行不同主题文化的设计与塑造	
4	一致性	软、硬件主题要保持一致性，从服务项目、服务方式等相配套	

（二）主题风格类型

主题客房风格有多种类型，具体如下表所示。

主题风格类型

序号	类型	实例	备注
1	民族地域文化风格	中式古典、欧式、泰式、阿拉伯、土楼文化、窑洞文化	
2	年龄、性别与职业偏好为主题	老年客房、青年客房、新婚客房、单身女性客房、儿童少年客房、家庭客房	
3	某种时尚、爱好为主题	现代数字化技术、足球、汽车、邮票、SPA 沐浴	
4	植物花卉或动物为主题	三月暖春主题、冬日冰雪主题、秋日落叶主题	
5	某种特定环境与文化为主题	海底世界、太空世界、冰屋、玻璃	
6	不同历史时期人文现象	清朝皇宫、明朝小院	
7	提供服务项目为主题	商务客房、儿童客房、雪橇客房	
8	某一特定主题	丝绸主题、电影套房、摇滚之夜套房、小说客房、茶道客房	

步骤四　关键问题处理

问题一：如何管理客房设备

客房设备管理是酒店的一个重要组成部分，是酒店提高服务质量的必要物质条件，是提高经济效益的重要途径。

（一）设备采购

在设备的采购方面应注意选型，既要保证技术上的先进，又要经济合理。技术上的先进主要指应与酒店的等级、规模、环境、格调相一致，要使用方便灵活，要适应不同的工作环境和条件，能减轻劳动者工作强度，改善工作条件，并具备防止各类事故发生的预防装置；另外还应注意环保性，如设备的低噪音等。经济合理主要指节能及设备的售后服务和维修。

（二）设备档案的建立

客房部所有设备都必须根据其分类列入进货档案，对每件设备注明采购日期、货源、价格和其他有关信息；同时应将设备的有关资料作好记录，以便掌握该种设备从采购、使用到维修的全套资料，从而帮助管理层了解某种品牌设备的购置是否合理，并为购置新设备提供资料。

（三）日常维护保养计划

客房部应对其所属的设备、机器制订日常维修保养计划，其中包括对使用者的培训、设备的清洁保养制度及与专家或供应商签订的维修合同，以保证设备完好状态。

（四）归口管理，明确责任

客房部是一个很大的部门，其中分楼层部、公共区域部、洗衣房、布件房等。对设备应进行归口管理，谁使用谁负责，建立完善的责任制度，避免造成只用不修、只用不管的现象，调动员工的积极性，与管理层共同管理好、使用好、维护好设备。

（五）对机器设备的使用者进行培训

随着科学技术的发展与进步，不断有新型设备投放工作，代替以往人工手工操作的工作。客房和公共区域工作越来越依赖新的机器和设备。通过培训，让使用者了解机器的性能、结构、原理、功能和操作常识，一般维护常识等，让使用者会使用、会保养、会排除简单故障，避免由于使用不当、保管不善而造成机器设备损坏或人身危险，增加维修费用，降低劳动效率。

问题二：如何管理客房钥匙

酒店由于硬件设施和对客人服务模式不同，钥匙管理方式也有所区别，但不管采用电子门锁还是普通门锁，对钥匙的分发、领取、交回等方面都应实行严格的管理方式，具体如下表所示。

客房钥匙管理

序号	类别	具体内容	备注
1	钥匙管理	多数酒店客房部的钥匙由客房部办公室人员直接负责，在办公室内设有存放钥匙的钥匙箱或钥匙柜，在不用时应加锁。箱内每把钥匙都应有编号，以明确其开启的楼层和房间号	
2	钥匙发放	员工如需使用，应到客房部办公室根据其工作的区域领取有关钥匙。客房部办公室应备有钥匙发放交回登记本，内容应包括领取钥匙的日期和时间、钥匙的编号、领取人及签名等内容，任何人不能在未签领的情况下取走钥匙	
3	钥匙交回	任何人使用完钥匙后应尽快将钥匙交回客房部，并在钥匙发放交回登记本签字，标明交回时间，任何人不得将钥匙带出酒店	
4	钥匙使用	钥匙领取后，员工应对所掌握的钥匙负责，任何人不得将钥匙转交给他人使用，钥匙应随身携带以免丢失；一旦发现钥匙有损坏的迹象应及时报告，及时补充新钥匙	

（续表）

序号	类别	具体内容	备注
5	钥匙交接班	认真核对钥匙箱中存放的钥匙，钥匙的编号是否相符，对于发放出去的钥匙在登记本中应有明确登记，确保持钥匙人确实在上班。在下班高峰期一定要严格检查收回钥匙，及时发现那些因急于下班而忘记交还钥匙的员工，追回钥匙	

问题三：如何建立保存好文件档案

客房部各种档案、资料的保存是一项非常重要的工作，它直接关系到客房部工作的正常运转、酒店的服务水平、酒店的声誉。客房部应保存的档案有以下各项：

（1）人事档案。

（2）采购收货报告档案。客房部对发出的所有采购单在送出去之前都应复印存档，以便及时检查督促采购进程；凡是到货的物品都应有收货报告，并将采购报告与收货报告装订一起，完好保存，便于日后核查。

（3）预算。预算是客房部全年工作的向导，所以说预算定下后应完好地保存，并经常检查预算执行情况。

（4）各项清洁、花卉租摆等合同。客房部有许多工作要交给专业单位去做，例如外墙的清洁，玻璃窗的清洁，各类盆栽植物的租摆，机器设备的维修合同等各类合同。

（5）每日工作单、工作分配、钥匙管理、住宿情况等报告。所有这些报告表都应以天为单位进行整理存档，不要丢失遗散，以便发生投拆时查询。

（6）客人遗失物品记录。

（7）各种住客用品和棉织品的日用量，发放登记及月终盘点。

（8）客房部办公室值班记录。

（9）客房部固定资产记录（家具、设备、机器等）。

（10）维修更新档案。作为客房部的管理人员应保存客房修整记录，这些记录记载着修整过的房间、时间以及所增添的各种家具和设备，保存这些记录有利于掌握每次修整情况、内容，避免重复劳动。

问题四：如何做好客房用品的发放工作

客房用品的发放应根据楼层工作间的配备标准和消耗情况，规定使用周期和领发时间，一般是一周发放一次，固定在某一天。这样做不仅可以方便库房的工作，也可使楼层日常工作条理化，减少漏洞。

小型酒店客房用品的领发和保管一般由楼层领班兼管，大型酒店可设专人负责。领班每天汇总楼层用品的消耗量并填制“楼层每日消耗用品表”，每周汇总一周的消耗量，再根据楼层的存量开出“物品申领单”，到库房领取。

问题五：接到客人报失怎么处理

在客房内丢失物品时，客人常常先向客房部报失，因此客房部在事故处理中承担了大量工作。

（一）报失的处理

（1）当接到客人报失后，服务员应立即报告客房部经理，由经理与大堂副理及保安部取得联系，共同处理。

（2）认真听取客人的陈述，问清客人丢失物品的详细内容并作记录。应到现场帮助客人尽量回忆物品丢失的前后经过，分析是否确实丢失。

（3）在征得客人同意后，可由保安员与服务员共同在房间帮助查找。物品找到后应将结果记录存查。

（4）如果调查显示客人财物确属被盗或被骗，要立即向总经理汇报，并由保安人员保护好现场。经总经理同意后向公安机关报案，待公安机关破案处理。

（二）报失后的注意事项

（1）客人报失后，服务员只能听取客人反映情况，不要作任何结论猜测或讲否定的话，以免为今后的调查工作增加困难或使酒店处于被动。

（2）服务员个人绝不可擅自进房查找，以免发生不可预料的后果。

（3）客人报失后，所有进过客房的服务员都要接受询问。服务员应采取积极协助的态度，不要有委屈不满情绪，更不能在自己有失职行为时有意隐瞒。

步骤五　实操管理流程

流程一：迎送客人服务流程

流程名称	迎送客人服务流程
所属部门	客房部
流程图	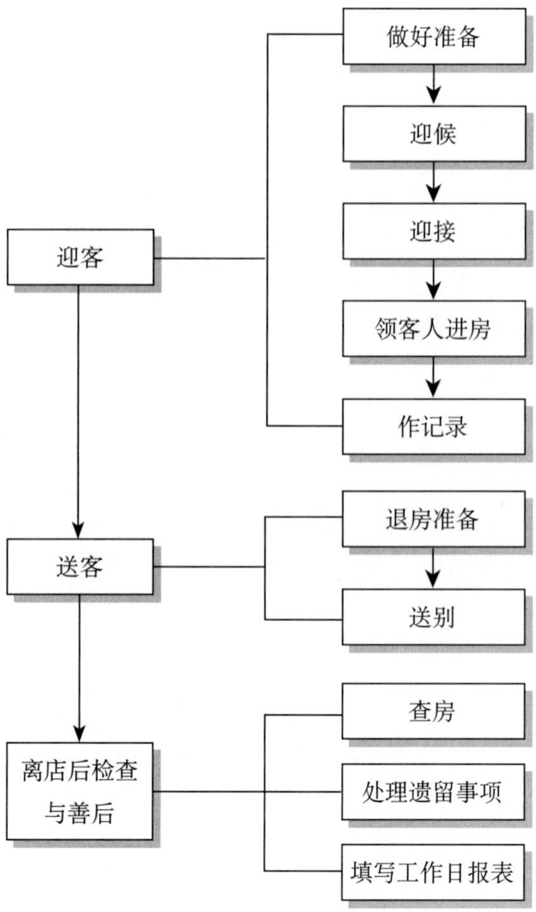
备注	

流程二：进入客人房间流程

<table>
<tr><td>流程名称</td><td>进入客人房间流程</td></tr>
<tr><td>所属部门</td><td>客房部</td></tr>
<tr><td>流程图</td><td>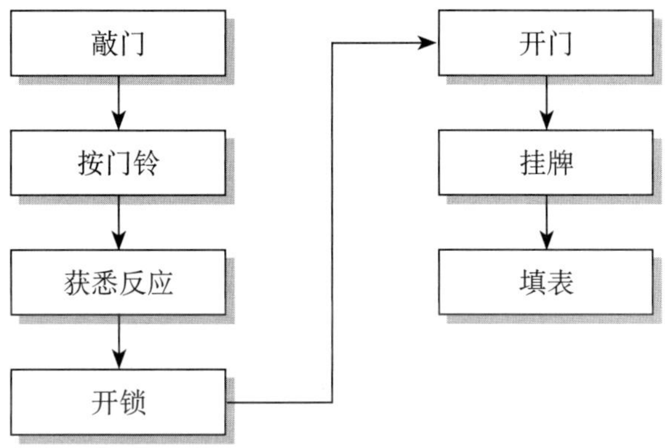
</td></tr>
<tr><td>备注</td><td></td></tr>
</table>

流程三：开夜床服务流程

<table>
<tr><td>流程名称</td><td>开夜床服务流程</td></tr>
<tr><td>所属部门</td><td>客房部</td></tr>
<tr><td>流程图</td><td>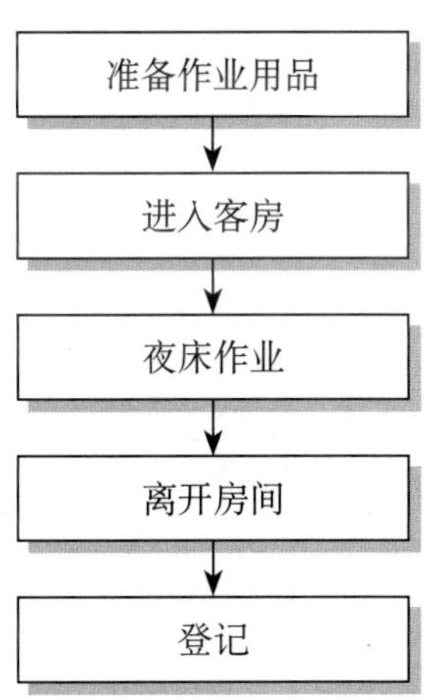
</td></tr>
<tr><td>备注</td><td></td></tr>
</table>

流程四：客人借用物品服务流程

<table>
<tr><td>流程名称</td><td>客人借用物品服务流程</td></tr>
<tr><td>所属部门</td><td>客房部</td></tr>
<tr><td>流程图</td><td>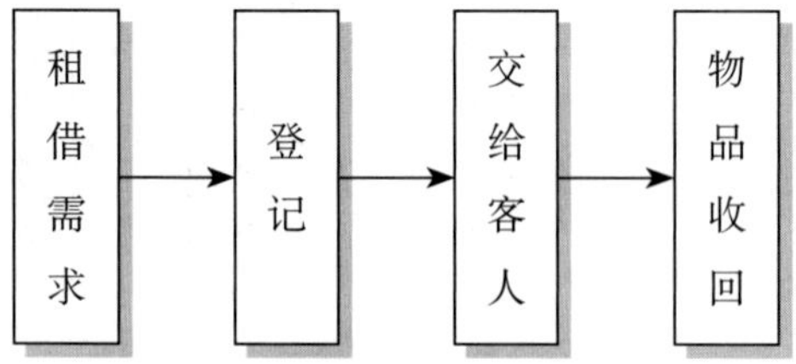
</td></tr>
<tr><td>备注</td><td></td></tr>
</table>

流程五：客房遗留物品处理流程

<table>
<tr><td>流程名称</td><td>客房遗留物品处理流程</td></tr>
<tr><td>所属部门</td><td>客房部</td></tr>
<tr><td>流程图</td><td>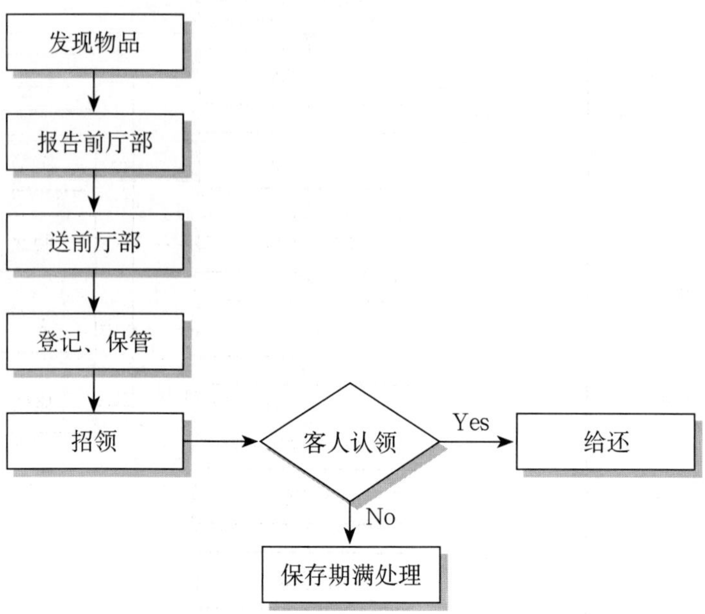
</td></tr>
<tr><td>备注</td><td></td></tr>
</table>

流程六：工服收发与洗涤工作流程

流程名称	工服收发与洗涤工作流程
所属部门	客房部
流程图	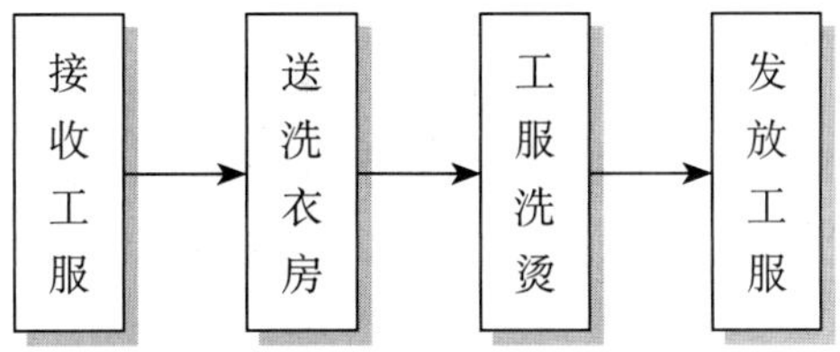
备注	

流程七：客衣洗涤服务流程

流程名称	客衣洗涤服务流程
所属部门	客房部
流程图	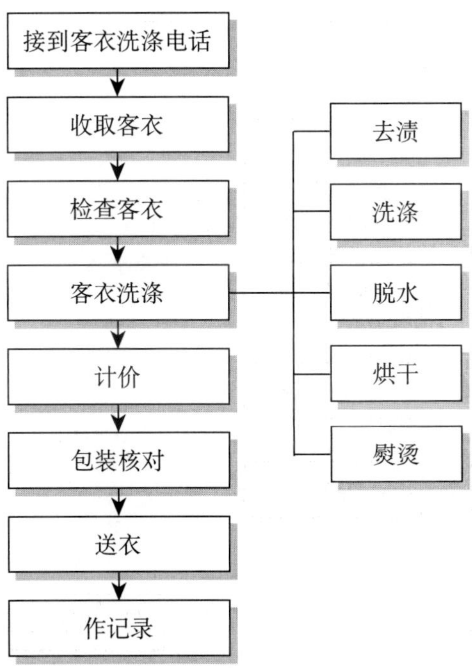
备注	

步骤六　实操管理制度

制度一：迎送客人服务操作规范

<table>
<tr><td colspan="2">公司标准文件</td><td rowspan="2">迎送客人服务操作规范</td><td>文件编号</td><td></td></tr>
<tr><td>版本</td><td>A / 0</td><td>页　次</td><td></td></tr>
</table>

1. 目的

为了做好迎送客人的服务，给住店客人留下美好印象，特制定本操作规范。

2. 适用范围

本规定适用于客房迎送客人服务。

3. 管理内容

3.1 迎客服务

3.1.1 客人到达前的准备工作，了解客情。在客人到达前，相应楼层的客房服务员应根据前厅部的客情预报，了解有关信息，认真做好各项准备工作。

3.1.2 记录“服务员工作日报表”。楼层服务员在接到前厅部接待处或客房服务中心关于客人进店的电话或通知后，应将客人的房号、进房时间、人数、姓名以及性别等记录在“服务员工作日报表”上。

3.1.3 准备好水。蓄好冷、热饮用水，将热水瓶、冷水壶按房号送入房间。使用电热水壶的客房，应蓄好水并接通电源；使用饮水机的客房，应检查所提供的纯净水是否需要更换并接通饮水机电源。

3.1.4 整理和布置。将客房按酒店规定的标准进行整理和布置，检查有无不妥之处。若客人对客房的布置有特殊要求，在不影响接待规格条件下应尽可能给予满足。在客人到达前，还应调节好房间室温。如果客人预计到店时间较晚（20：00 以后），可提前将夜床准备好。

3.1.5 迎候。关好房门，根据客人进店时间到梯口迎候。

3.2 客人到达时的迎接

3.2.1 客房服务员一般只在楼层迎接入住客人。

3.2.2 客人出电梯后，服务员应面带微笑，主动问候客人，并作自我介绍。

3.2.3 问清房号，并请客人出示房卡。

3.2.4 若客人无人陪同，服务员还应主动征求客人意见，帮助客人提行李，引领客人进房。对行动不便的客人要主动搀扶。

3.3 送客服务

3.3.1 客人退房前的准备

3.3.1.1 楼层服务员应通过前厅部提供的有关报表或电脑了解预离客人房号、姓名、结账和离店时间。有些客人结账后并不立刻离店，而是回房在房内逗留一段时间才离开，这样就需二次查房。

3.3.1.2 检查账单，了解预离客人费用是否结清，并与前厅部收银台及时联系。在客人离店前将洗衣费及饮料费等账单送到，以保证及时收款。

3.3.1.3 检查客人委托事项是否已办妥，提前将客人送洗的衣物及委托维修的物品交还给客人。

3.3.1.4 如果客人是次日早晨离店，楼层服务员要问清客人是否需要叫早服务，是否在房内用餐。如客人提出要求，应作好记录并与有关部门联系，以保证第二天圆满为客人提供服务。

3.3.1.5 为客人整理行李提供方便。如果客人有要求，可帮助客人整理行李。如团队客人行李较多，就要事先通知客房服务中心，安排好行李员给客人送行。

3.3.1.6 客人临行前，利用进房服务的机会查看客房设备有无损坏、物品有无遗失以及饮料有无消费等。

3.3.1.7 客人离店前，要主动征求意见；如有投诉，应详细记录，诚恳表示感谢，欢迎客人下次再来。

3.3.1.8 提醒客人检查自己的行李、物品，不要遗留在房内。

3.3.2 客人离开时的送别工作

3.3.2.1 按客人要求协助总机提供叫早服务。

3.3.2.2 协助行李员搬运客人行李。

3.3.2.3 主动热情地将客人送到电梯口，代为按下电梯按钮，礼貌地向客人告别；等电梯门合上后，方可离开。

3.3.2.4 对无人陪同的老、弱、病、残客人，要有专人护送。

3.3.2.5 团队客人离店时，要协助行李员在规定时间内把行李集中起来放到指定地点，清点数量，并会同接待单位核准行李件数，以防遗漏。如果几个团队同时离店，则要按团队名称分别摆放、清点，以免出现差错。

3.3.3 客人离开后的检查与善后工作

3.3.3.1 查房。客人离开楼层后，服务员应立即进入客房，仔细检查有无遗留物品，是否消费或带走酒水、饮料、食品，房内设备、物品是否损坏缺少。如有上述情况立即通知前厅部收银处。

3.3.3.2 查房特殊情况处理。

3.3.3.3 处理客人遗留事项。有些客人因急事需提前离店，会委托服务员替他处理一些遗留事项，如留言给来访客人、给有关单位打电话等。服务员一定要认真替客人办理好，使对客服务善始善终。

3.3.3.4 填写“服务员工作日报表”。

拟定		审核		审批	

制度二：换房服务操作规范

公司标准文件		换房服务操作规范	文件编号	
版本	A / 0		页　次	

1. 目的

为了做好迎送客人的服务，给住店客人留下美好印象，特制定本操作规范。

2. 适用范围

本规范适用于客房换房管理。

3. 管理内容

3.1 换房原因

3.1.1 与订房时房型不合。

3.1.2 客人住进后发现房间不满意（太吵、太阴暗、视野不佳、设备不好、房间有异味等）。

3.1.3 要求靠近离逃生口近一点的（较安全）。

3.1.4 要求住低楼层（较方便及安全）。

3.1.5 价格不符合。

3.1.6 临时增加住客。

3.1.7 与亲友或团队接近的房间。

3.1.8 客满时临时安排的房间，次日重新安排客人预订或喜欢的房型。

3.1.9 其他客人独特的因素（如方位、朝向等）。

3.2 空房（已预定将入住者）换房作业

3.2.1 接到办公室值班人员换房通知单时，速将房内所设置的水果、刀、叉、洗手碗、盘等物品移往新房。

3.2.2 若为 VIP 设置，则文具夹、鲜花、蛋糕、酒、赠品等一切设备都须移往新房。

3.2.3 换房后空置房须按迁出房尽速处理，恢复成空房的状况。

<table>
<tr><td colspan="6">3.3 续住房换房作业
3.3.1 楼层服务员接到客房服务中心来电后，尽速检查冰箱饮料及房内物品。
3.3.2 当客人行李搬往新房后须仔细检查原来的房间是否留下任何物品，若有时须将物品移往新房。
3.3.3 客人习性须转达至新的楼层，由楼层服务员填写于习性记录本上。
3.3.4 原来房间所属物品（如衣架、文具夹等）若被移走时，服务员须负责到新的楼层取回；如客人正在使用，则须待客人退房后取回。
3.3.5 原来房间内是否有客人借用物品，洗衣账应立即处理。
3.4 换房注意事项
客人不在房间而换房时（依酒店规定由客房服务中心或客房人员处理下列事项）：
3.4.1 如果客人行李未事先准备好，应替客人收拾行李，并记住每件物品放置位置。注意检查房内每一处，以免有遗落的物品。
3.4.2 换至新房间时，将所有行李、物品，依原房间摆放位置排放好。</td></tr>
<tr><td>拟定</td><td></td><td>审核</td><td></td><td>审批</td><td></td></tr>
</table>

步骤七　实操管理表格

表格一：查房表

查房表

楼层__________　　　　　　　　　　日期__________

房号	进房时间	出房时间	查房内容

检查人__________　　　　　　　　　　经理__________

表格二：客人遗留物品登记表

客人遗留物品登记表

<table>
<tr><td>房号</td><td></td><td>姓名</td><td></td><td>上交时间</td><td></td><td>发现时间</td><td></td></tr>
<tr><td colspan="2">遗留物品名称</td><td colspan="2"></td><td colspan="2">发现地点</td><td colspan="2"></td></tr>
<tr><td colspan="8">备注：</td></tr>
<tr><td colspan="2">经办人</td><td colspan="2"></td><td colspan="2">交物人</td><td colspan="2"></td></tr>
<tr><td colspan="2">客人领取签名</td><td colspan="2"></td><td colspan="2">领取时间</td><td colspan="2"></td></tr>
</table>

备注：一式三联，第一联客人保留，第二联楼层保存，第三联存根。

表格三：客房部楼层房间状况日报表

客房部楼层房间状况日报表

日期：　　　　　　　　　　　　　　　　　　　　　　　　制表：

项目 楼层	出勤	住客	走客	空房	维修	迷你吧收入

一式四联，第一联：存根；第二联：客房经理；第三联：内勤；第四联：客房中心。

表格四：客房清扫报表

客房清扫报表

客房服务员：　　　　　　　　　楼层：　　　　　　　　　日期：

项目 房号	房态	客人	设备	客房清洁时间	注意

房态：

V：空房　O：走客房　R：预抵房　LONG：长住房　DND：请勿打扰　I：住客房

X：维修房　H：保留房　VIP：贵宾　G/I：客人在房间　EXBD：加床

表格五：楼层领班交接班本

楼层领班交接班本

<table>
<tr><td>日期</td><td></td><td>出勤</td><td>领班</td><td>A—</td><td>B—</td><td>病事假</td><td></td></tr>
<tr><td colspan="2">本班次离店房号</td><td colspan="6"></td></tr>
<tr><td colspan="2">本班次预抵房号</td><td colspan="6"></td></tr>
<tr><td colspan="2">本班次到店房号</td><td colspan="6"></td></tr>
<tr><td colspan="2">本班次 VIP 房号</td><td colspan="6"></td></tr>
<tr><td colspan="2">本班次工作内容及特殊服务事项记录</td><td colspan="6"></td></tr>
<tr><td colspan="2" rowspan="3">交下班次记录</td><td colspan="2" rowspan="3"></td><td rowspan="3">总钥匙交接</td><td>时间</td><td colspan="2"></td></tr>
<tr><td>交班人</td><td colspan="2"></td></tr>
<tr><td>接班人</td><td colspan="2"></td></tr>
<tr><td colspan="2">交班前房间状况统计</td><td colspan="6"></td></tr>
</table>

表格六：楼层服务员交接班本

楼层服务员交接班本

日期		姓名		班次	
工作事项：					
交接内容：					
备注：					
交班人		接班人		钥匙交接	

表格七：楼层每日消耗用品汇总表

楼层每日消耗用品汇总表

统计人：　　　　　　　　　　　　　　　　日期：

楼层 / 名称	3F	4F	5F	6F	7F	8F	9F	10F	11F	12F	总数

第三章

酒店餐饮经营管理

引言：

新标准中，降低了对餐厅种类的要求，适应实际，强调品质，强调食品安全。其中对五星级酒店的要求是有三个餐厅，除中餐厅、咖啡厅外，另有的西餐厅或外国特色餐厅或风味餐厅任选其一皆可，但是要求均配有专门厨房。

步骤一　了解国家最新规定

作为酒店管理者，要掌握国家最新的各项关于酒店的政策法规，以便随时进行调整，达到规定要求。

规定一：必备检查项目

新标准对于酒店餐饮必备检查项目，其中的基本要求如下表所示。

酒店餐饮必备检查项目

序号	星级	要求	备注
1	二星级	应有就餐区域，提供桌、椅等配套设施，照明充足，通风良好，可提供早餐服务	
2	三星级	（1）应有与酒店规模相适应的独立餐厅 （2）配有符合卫生标准和管理规范的厨房 （3）提供早、中、晚餐服务	
3	四星级	（1）应有布局合理、装饰设计格调一致的中餐厅 （2）位置合理、格调优雅的咖啡厅（或简易西餐厅） （3）提供品质较高的自助早餐 （4）应有宴会单间或小宴会厅，提供宴会服务 （5）应有专门的酒吧或茶室 （6）餐具应按中外习惯成套配置，无破损，光洁、卫生 （7）菜单及饮品单应装帧精致，完整清洁，出菜率不低于 90%	

（续表）

序号	星级	要求	备注
4	五星级	（1）各餐厅布局合理、环境优雅、空气清新，不串味，温度适宜 （2）应有装饰豪华、氛围浓郁的中餐厅 （3）应有装饰豪华、格调高雅的西餐厅（或外国特色餐厅）或风格独特的风味餐厅，均配有专门厨房 （4）应有位置合理、独具特色、格调高雅的咖啡厅，提供品质良好的自助早餐、西式正餐。咖啡厅（或有一餐厅）营业时间不少于 18 小时 （5）应有 3 个以上宴会单间或小宴会厅。提供宴会服务，效果良好 （6）应有专门的酒吧或茶室 （7）餐具应按中外习惯成套配置，材质高档，工艺精致，有特色，无破损磨痕，光洁、卫生 （8）菜单及饮品单应装帧精美，完整清洁，出菜率不低于 90%	

规定二：运营质量评价

（一）餐饮服务质量

新标准对于酒店餐饮服务质量的评价，具体如下表所示。

餐饮服务质量评价

序号	类别	要求	备注
1	自助早餐服务	（1）在宾客抵达餐厅后，及时接待并引座。正常情况下，宾客就坐的餐桌已经布置完毕 （2）在宾客入座后及时提供咖啡或茶 （3）所有自助餐食及时补充，适温、适量 （4）食品和饮品均正确标记说明。标记牌洁净统一 （5）提供加热过的盘子取用热食。厨师能够提供即时加工服务 （6）咖啡或茶应宾客要求及时添加，适时更换烟灰缸 （7）宾客用餐结束后，及时收拾餐具，结账效率高、准确无差错。宾客离开餐厅时，向宾客致谢 （8）自助早餐食品质量评价	

（续表）

序号	类别	要求	备注
2	正餐服务	(1) 在营业时间，及时接听电话，重复并确认所有预订细节 (2) 在宾客抵达餐厅后，及时接待并引座。正常情况下，宾客就坐的餐桌已经布置完毕 (3) 提供菜单和酒水单，熟悉菜品知识，主动推荐特色菜肴，点单时与宾客保持目光交流 (4) 点菜单信息完整（如烹调方法、搭配等），点单完毕后与宾客确认点单内容 (5) 点单完成后，及时上酒水及冷盘（头盘），根据需要适时上热菜（主菜），上菜时主动介绍菜名 (6) 根据不同菜式要求及时更换、调整餐具，确认宾客需要的各种调料，提醒宾客小心餐盘烫手。如果是西餐，则主动提供面包、黄油 (7) 向宾客展示酒瓶，在宾客面前打开酒瓶。如果是西餐，则倒少量酒让主人鉴酒 (8) 红葡萄酒应是常温，白葡萄酒应是冰镇。操作玻璃器皿时，应握杯颈或杯底 (9) 宾客用餐结束后，结账效率高、准确无差错，主动征询宾客意见并致谢 (10) 正餐食品质量评价	
3	酒吧服务（大堂吧，茶室）	(1) 宾客到达后，及时接待，热情友好。提供酒水单，熟悉酒水知识，主动推荐，点单时与宾客保持目光交流 (2) 点单后，使用托盘及时上齐酒水，使用杯垫，主动提供佐酒小吃 (3) 提供的酒水与点单一致，玻璃器皿与饮料合理搭配，各种酒具光亮、洁净、无裂痕、无破损，饮品温度合理 (4) 结账效率高、准确无差错；向宾客致谢	
4	送餐服务	(1) 正常情况下，及时接听订餐电话，熟悉送餐菜单内容，重复和确认预订的所有细节，主动告知预计送餐时间 (2) 正常情况下，送餐的标准时间为：事先填写好的早餐卡：预订时间 5 分钟内；临时订早餐：25 分钟内；小吃：25 分钟内；中餐或晚餐：40 分钟内	

（续表）

序号	类别	要求	备注
4	送餐服务	(3) 送餐时按门铃或轻轻敲门（未经宾客许可，不得进入客房）；礼貌友好地问候宾客；征询宾客托盘或手推车放于何处，为宾客摆台、倒酒水、介绍各种调料 (4) 送餐推车保持清洁，保养良好。推车上桌布清洁，熨烫平整。饮料、食品均盖有防护用具 (5) 送餐推车上摆放鲜花。口布清洁、熨烫平整、无污渍。盐瓶、胡椒瓶及其他调味品盛器洁净，装满调味品 (6) 送餐完毕，告知餐具回收程序（如果提供回收卡，视同已告知），向宾客致意，祝愿宾客用餐愉快 (7) 送餐服务食品质量评价	

（二）餐饮区域维护保养与清洁卫生

新标准对于酒店餐饮区域维护保养与清洁卫生的评价，具体如下表所示。

餐饮区域维护保养与清洁卫生评价

序号	类别	要求	备注
1	餐台（包括自助餐台）	稳固、美观、整洁	
2	地面	完整，无破损、无变色、无变形、无污渍、无异味	
3	门窗及窗帘	玻璃明亮、无破损、无变形、无划痕、无灰尘	
4	墙面	平整、无破损、无裂痕、无脱落、无灰尘、无水迹、无蛛网	
5	天花（包括空调排风口）	平整、无破损、无裂痕、无脱落、无灰尘、无水迹、无蛛网	
6	家具	稳固、完好、无变形、无破损、无烫痕、无脱漆、无灰尘、无污染	
7	灯具	完好、有效、无灰尘、无污渍	

（续表）

序号	类别	要求	备注
8	盆景、花木	无枯枝败叶、修剪效果好，无灰尘、无异味、无昆虫	
9	艺术品	有品位、完整、无褪色、无灰尘、无污渍	
10	客用品（包括台布、餐巾、面巾、餐具、烟灰缸等）	方便使用，完好、无破损、无灰尘、无污渍	

步骤二　认识餐饮部

认识一：餐饮部组织架构

餐饮部的组织架构，具体如下图所示。

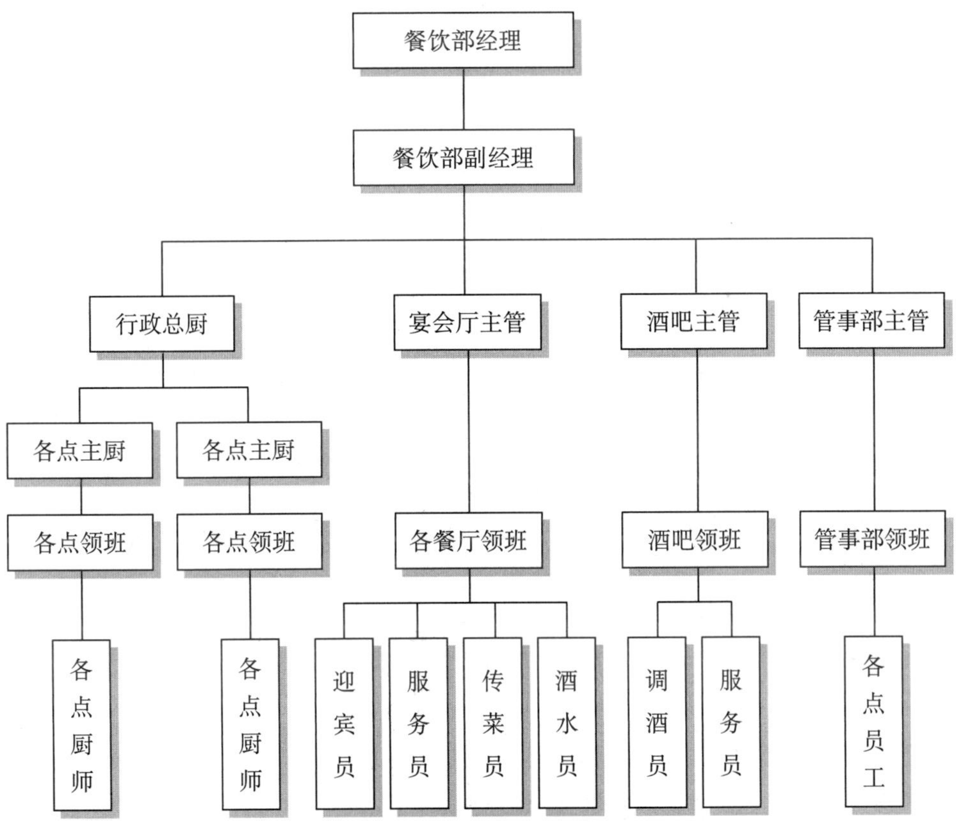

餐饮部的组织架构图

认识二：餐饮部作用

餐饮部是酒店的核心部门之一，是酒店获取利润的部门之一，是酒店接待服务的重要部门之一。

餐饮部主要为住店宾客和社会宾客提供饮食、服务产品。主要工作内容负责经营中西餐厅、提供中西式餐饮，接待另点散餐、团体包餐、婚宴、寿宴、生日宴、会议用餐等服务。

认识三：餐饮部工作任务

（1）负责所属各餐厅、宴会厅、厨房及酒吧等的经营管理，以散餐、自助餐、团体用餐、宴会、酒会、客房用餐和大、小型会议餐等形式，向宾客提供各种餐饮服务。

（2）负责为酒店宾客制作各种色、香、味、形俱佳的优质菜肴、面点，为酒店宾客提供种类丰富的酒水饮料，以满足宾客餐饮方面的各种需求；不断研制新型菜谱，提高烹饪技艺，形成多种类、多风味、多花色、常吃常新的餐饮风格和特色。

（3）负责其工作人员标准化、程序化、规范化服务技能和技巧的培训，向宾客提供礼貌、热情、主动、周到的服务，形成亲切、娴熟、适合餐厅风格、具有艺术魅力的服务风格和特色。

（4）经常举办各种美食节或餐饮、娱乐活动，以招揽客源，扩大销售。

（5）做好所属区域的设施设备的维修保养和清洁卫生工作，使其安全、完好、使用正常；搞好安全生产，做好防火、防盗工作，杜绝食品中毒等各种事故的发生。

（6）严格执行《中华人民共和国食品卫生法》和酒店的食品卫生制度，确保宾客饮食卫生；加强内部管理，提高经济效益，完成总经理下达的各项指标。

（7）吸收新的经营管理经验，广泛地收集宾客意见，处理好宾客投诉，改善服务质量和内部管理，不断提高经营管理水平。

步骤三　餐厅氛围控制

酒店的餐厅气氛控制同前厅相同，主要包括可视环境氛围和可感知环境氛围两个方面。

控制一：可视环境

可视环境主要包括功能区的装饰摆设、光线与色彩控制、背景音乐控制、气味控制以及温度控制等，具体如下表所示。

餐厅可视环境控制

序号	类别	具体要求	备注
1	功能区装饰摆设	根据经营需要，满足客人视觉享受需求。根据不同场景的主题设计进行灵活多变的装饰摆设，营造不同的环境氛围	
2	光线与色彩	光线依据经营主体和具体场景设置可控制，色彩则是注重整体协调性	
3	背景音乐	音乐主体、格调、音量大小以及节奏快慢等方面的控制	
4	气味	根据餐厅不同情境需要进行设置与控制	
5	温度	借助空调设备，依据天气状况变化进行调整，总之要让客人感到舒适	

控制二：可感知环境

对服务人员的态度、礼节、仪容仪表、服务意识和服务节奏、服务效率的调节和控制，还包括服务过程中与客人之间的沟通与互动氛围的形成与营造。

步骤四　关键问题处理

问题一：如何做好团体订餐的准备工作

（一）团体订餐的预订

团体订餐都需要预订。在接受预订时，要弄清预订人的身份（包括单位、姓名、联系电话或单位地址）、预订的时间、餐饮价格标准、付款方法、就餐对象的身份、就餐的目的（会议包餐还是旅游包餐）、有什么特殊要求等，以利于安排场地和拟定食谱（菜单）。

（二）团体订餐的就餐形式

团体订餐的形式还分为合食和分食两种。合食是10人共用，通常每桌四菜一汤至八菜一汤不等，丰富的还常伴有主食（如点心、粥面）。分食则每人一菜一汤、二菜一汤或三菜一汤。汤也可以不分开，用一大碗汤供10人共用。具体标准可根据客人要求另行制定。

（三）团体订餐的摆台

（1）因团体就餐人数多，而且就餐时间集中，因此，在餐厅的餐桌布置上，要注意走道畅通，方便上菜和客人同时进出。

（2）要根据菜谱内容摆放所需餐具。摆放时，要注意台面造型美观，还需公勺、公筷2～4副，分别摆放在桌面的外围，以方便客人分菜。

（3）摆台规格一是要根据早、午、晚餐的不同作出相应变化，如早餐一般不放饮料杯、色酒杯，碗改放粥碗；二是要根据就餐的规格灵活处理，如午餐、晚餐是宴会，就要按宴会的要求进行摆台。

问题二：如何做好团体餐服务工作

（1）开餐前，领班或经理应了解清楚所负责接待的团体名称、国籍、身份、生活习惯、人数、伙食标准、接待规格、特别要求及开餐时间等，充分做好接待前的一切准备工作。

（2）厅内陈设和台型布置要整齐美观，根据接待对象的不同，加以适当调剂。如会议包餐，可布置得朴素典雅些；旅行团体，则可布置得豪华热烈些。

（3）菜点的备用，特别是冬季，粥饭、面包不宜过早备放，以免食品过冷；另出菜也要适时，保证饭热菜香。

（4）安排菜点时，要做到每餐不同、各有特色，特别要安排地方风味的菜点，调剂好花样。服务人员要了解和掌握每餐的菜单，熟悉菜肴的风味特色，随时向客人作介绍。

（5）迎接客人。迎宾员带领客人到达时，服务员应面带笑容，配合迎宾员给客人拉椅请坐，送上香巾，并视客人情况，斟上冷开水、热茶或饮品。对年岁较大及行动不便的客人，要给予特别的关照。

（6）客人基本到齐后，征询负责人或导游的意见，看是否可以上菜，得到同意后立即通知厨房起菜。

（7）上菜时，若席上有茶杯的，先撤走茶杯（客人要求保留的可不撤）。

（8）菜要一道道趁热上，向客人介绍当餐所供应的菜式品种及其风味特色。上菜时，要放在桌中心；如加转盘的，可放置在转盘边。上花卷、馒头等面食及点心，要按品种分碟盛上，放在菜盘外围，两面或四面各放一碟；有转盘的可免去，目的是方便客人取食。

（9）客人进餐过程中，要勤巡视，勤斟饮品，勤服务，如发现骨碟上有牙签、骨头、烟灰等脏物，必须主动给予撤换。

（10）菜上齐后，应告知客人菜已上齐，并征询客人还有什么需要。最后给客人斟热茶，送上香巾。

（11）如客人是凭餐券就餐，应按桌点齐人数，收取餐券，然后上菜端饭。收餐券时，应从客人左后方收取。如客人主动收集在一起，要注意清点，并致谢意。

（12）对团体订餐中的病号和少数民族（尤其是回族）客人，要予以特殊关照，防止差错。

（13）客人就餐完毕离开时，要用礼貌敬语向客人道别，欢迎他们下次光临，提醒客人带齐自己的随身物品；如发现客人有遗留物品，应立即交还客人或交领导处理。

（14）餐厅负责人（或主管、领班）应再次与订餐负责人确定下一次就餐时间。最后一餐结束后，要尽快核对账目，准备结账。

问题三：客房送餐服务的程序有哪些

（1）客人用电话预约时，要记清楚客人的姓名、用餐人数、房号，所叫的菜点品种、规格、数量以及送餐时间；记完后要向客人复述一遍，避免差错。接听电话时，订餐服务员必须用标准的电话用语，无论是客人电话还是内部电话，都应用标准语回答。

（2）清楚客人所点的菜点后，下单至厨房，让厨房准备和制作。下单时注明送餐品名、送餐时间及接单服务员姓名、送餐房号，并对有关人员交代清楚有关事项。

（3）根据客人所点的食品、饮品，先准备好用餐的餐具，如碟、玻璃杯、咖啡杯或茶具、银具、筷子、刀叉、餐巾等，备足调味品，如盐盅、胡椒盅、糖盅、奶盅等，先装进送餐车里。食品运送过程中要注意安全。

（4）厨房制作的热菜或凉菜一定要适时做好，按客人预约时间准时送到客人的房间。

（5）如果一个服务员同时要送两张订单，一般应该是同一楼层的房间。

（6）进房前先轻轻敲门（或按门铃），同时说明“送餐服务”。敲门不要太急，一般敲3下，稍事停顿一下，如果没有反应，再敲3下（按门铃亦如此），经客人允许后方可入房。

（7）进房后首先向客人问好：“早上（晚上）好，我是来送餐的，餐桌摆这里好吗?”客人表示同意时，即给客人开台摆位，按餐厅服务方式为客人服务；若是快餐，可留下让客人随时取食。

（8）服务工作就绪后，即将账单呈送客人签字或结账。客人签字或付现金后要向客人表示“多谢”。此时客人尚在用餐，还应祝客人用餐愉快，并询问客人需要何时收台。离开房间时要礼貌地向客人道别，并将房门轻轻关上。

（9）迅速返回客房送餐部，签上返回时间表，同时填写收台时间表，保证及时回收餐具。

问题四：如何做好食品的卫生管理

食品的储存，应依不同储存要求，分别制定储存标准，依“先进先出”的原则，使储存中的食物保持最佳的新鲜度。冷冻食物解冻后，千万不可再冷冻储藏备用。因为在二次冷冻阶段时，食物内最中间部分仍然保持解冻时的常温状态，即仍处于危险温度（7℃～60℃），一旦维持此温度超2小时，食品会发生腐败、变质。在上述情况发生后，若把二次冷冻食物拿出烹饪后食用，会有中毒危险。以肉类为例，可能会产生肉毒杆菌。

烹饪时的作料及添加物使用过量，都可能给人体造成危害。过量的添加物比过量的作料对人的危害更大。

问题五：如何做好操作卫生管理

服务员在为客人服务过程中要做到操作卫生，这既是餐厅卫生的要求，也是体现服务质量高低的重要标志之一。具体要做到以下几点：

（1）服务员使用的抹布、垫布等每天要清洗干净，用开水浸烫，以减少或消灭细菌。托盘等工具要保持清洁。

（2）工作时，不能对着食品、客人咳嗽、打喷嚏，不准随地吐痰，不准吸烟，不要在客人面前挖耳、剔牙、抓头皮、挖鼻孔等。

（3）端菜、饭、酒等食物时要用托盘，手不能直接接触食品。

（4）凡腐烂变质和不符合卫生要求的食品坚决不出售。如客人发现有腐烂变质的食物，应即予调换。

（5）在服务过程中要留心就餐者，发现病态者及带菌者，对其所用餐具进行严格消毒。

步骤五　实操管理流程

流程一：开餐前准备工作流程

流程名称	开餐前准备工作流程
所属部门	餐饮部
流程图	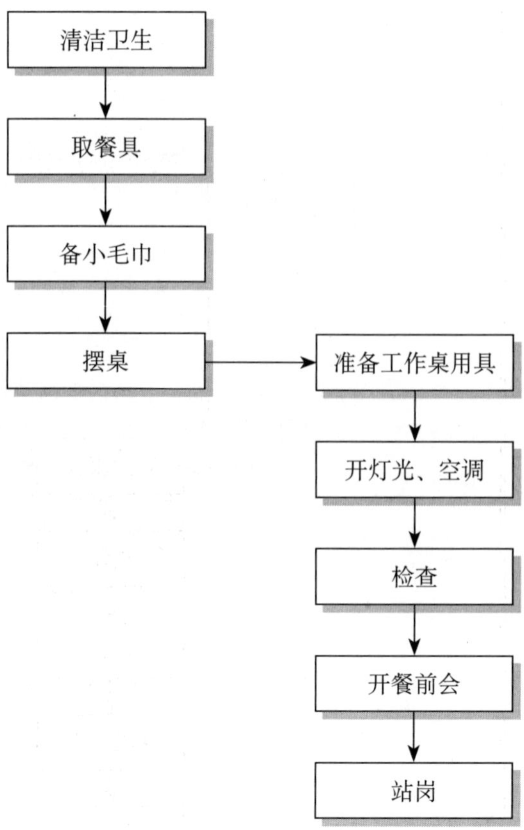
备注	

流程二：散客服务流程

流程名称	散客服务流程
所属部门	餐饮部
流程图	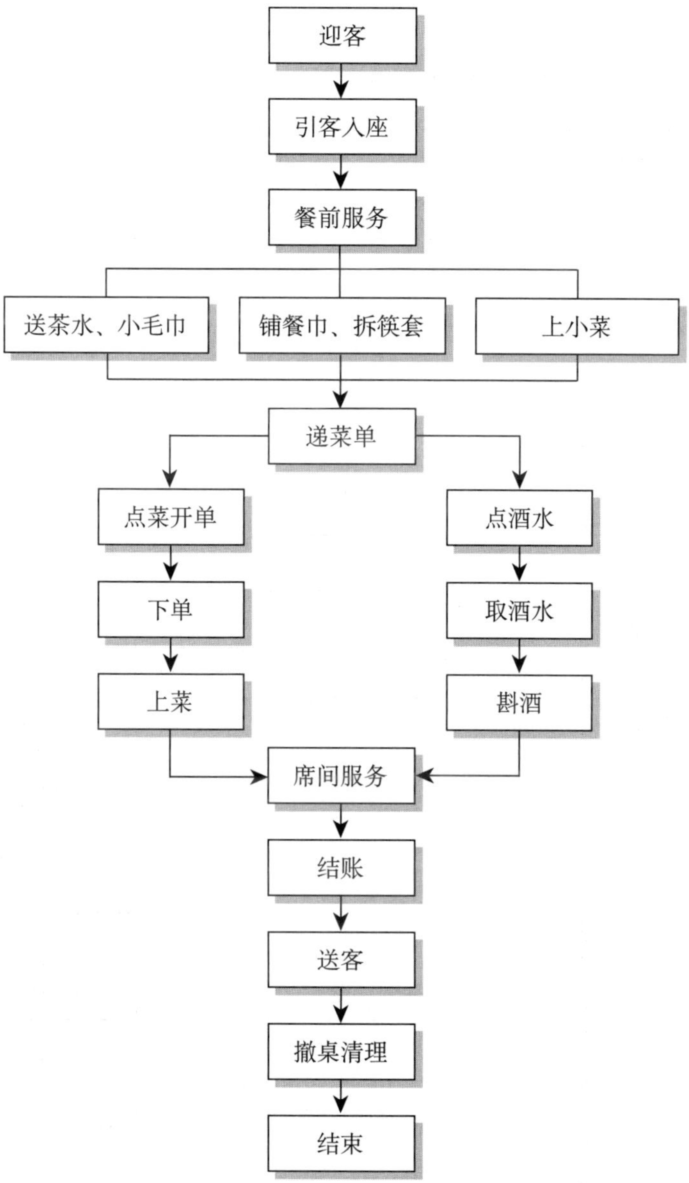
备注	

流程三：迎送散客服务流程

<table>
<tr><td>流程名称</td><td>迎送散客服务流程</td></tr>
<tr><td>所属部门</td><td>餐饮部</td></tr>
<tr><td>流程图</td><td>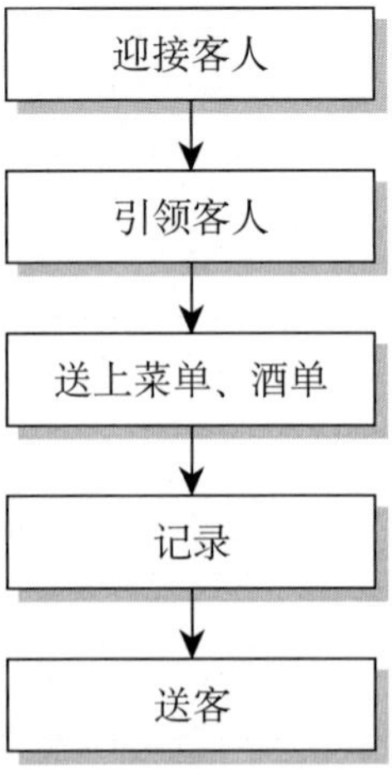
</td></tr>
<tr><td>备注</td><td></td></tr>
</table>

流程四：团队用餐服务流程

<table>
<tr><td>流程名称</td><td>团队用餐服务流程</td></tr>
<tr><td>所属部门</td><td>餐饮部</td></tr>
<tr><td>流程图</td><td>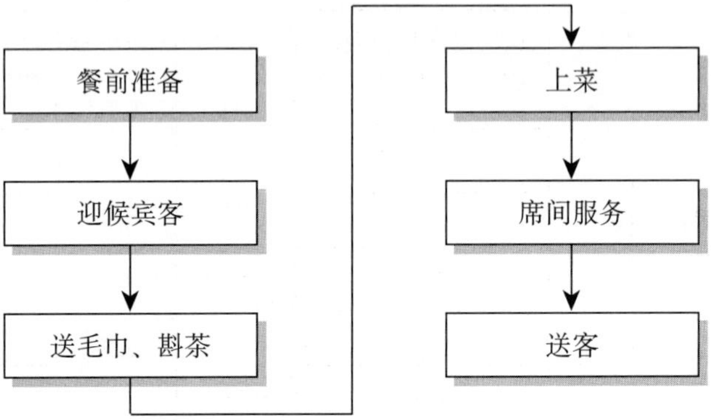
</td></tr>
<tr><td>备注</td><td></td></tr>
</table>

流程五：结账服务流程

<table>
<tr><td>流程名称</td><td>结账服务流程</td></tr>
<tr><td>所属部门</td><td>餐饮部</td></tr>
<tr><td>流程图</td><td>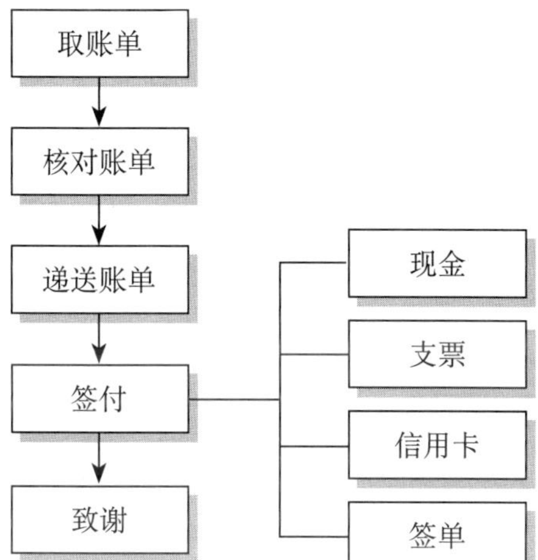
</td></tr>
<tr><td>备注</td><td></td></tr>
</table>

流程六：食品打包服务流程

<table>
<tr><td>流程名称</td><td>食品打包服务流程</td></tr>
<tr><td>所属部门</td><td>餐饮部</td></tr>
<tr><td>流程图</td><td>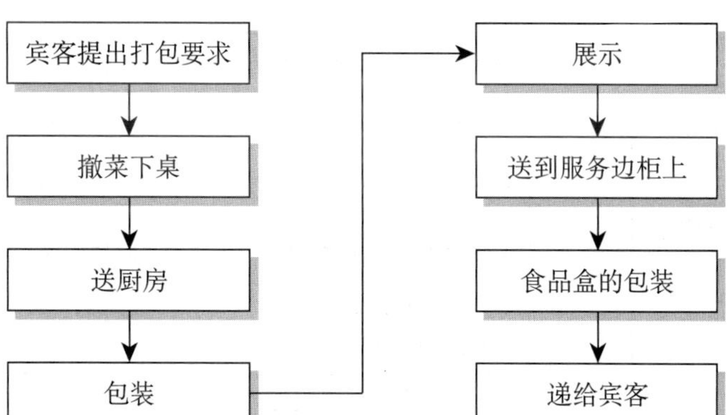
</td></tr>
<tr><td>备注</td><td></td></tr>
</table>

流程七：厅面清场服务流程

流程名称	厅面清场服务流程
所属部门	餐饮部
流程图	营业结束 ↓ 关掉部分灯光 ↓ 撤器皿 ↓ 清洁 ↓ 落实安全措施 ↓ 填写安全表
备注	

步骤六　实操管理制度

制度一：餐前检查制度

<table>
<tr><td>公司标准文件</td><td></td><td rowspan="2">餐前检查制度</td><td>文件编号</td><td></td></tr>
<tr><td>版本</td><td>A ／ 0</td><td>页　次</td><td></td></tr>
<tr><td colspan="5">1. 目的
为配合酒店餐饮各项工作的顺利进行，特制定此制度。
2. 适用范围
本制度适用于酒店餐厅餐前检查。
3. 管理内容
3.1 餐厅摆台及桌椅检查
3.1.1 圆桌主位面向玻璃窗，正主位和副主位在同一条线上。
3.1.2 各餐具间距离相等；圆桌主位面向玻璃窗，正主位和副主位在同一条线上。
3.1.3 各餐具间距离相等。
3.1.4 小方桌扶手椅横竖在同一条线上。
3.2 餐厅内卫生检查
3.2.1 圆桌上玻璃转盘干净且居于圆桌正中，转动底盘转动自如。
3.2.2 沙发及桌椅上干净，无饭粒、牙签一类的杂物。
3.2.3 服务边柜干净，边柜上铺有干净的台布。
3.2.4 地毯干净。
3.3 服务边柜检查
3.3.1 边柜内备齐开餐所用的餐具。
3.3.2 边柜内餐具分类摆放整齐。
3.3.3 边柜里侧抽屉内应放：1 本点菜单，1 本酒水单，1 盒牙签。
3.4 餐厅内的灯光照明情况、空调及背景音乐
3.4.1 开餐前 1 小时打开所有照明设备，如发现故障，立即通知工程部维修更换（电话通知后补请修单）保证开餐时所有照明设备工作正常。
3.4.2 开餐前 1 小时，检查空调情况，保证餐厅温度在 20℃ ~ 24℃间。</td></tr>
</table>

<table>
<tr><td colspan="6">3.4.3 午餐前半小时开背景音乐开关。
3.5 开餐准备
3.5.1 开餐前 15 分钟做好开餐前准备，在边柜上面放好 3 个圆托盘，食品及饮品订单各 2 本，酱油壶 1 个，内装 4/5 酱油。
3.5.2 准备 2 个干净的不锈钢冰桶架及冰桶，2 个红酒篮及 4 块叠好的专用的口布。
3.6 检查宴会预订摆台
3.6.1 所摆餐位要符合宴会预订人数。
3.6.2 检查客用宴会菜单中英文打印正确程度并应复印清楚、干净。
3.6.3 鲜花新鲜，插制美观。
3.6.4 宴会指示牌干净，且内容正确。</td></tr>
<tr><td>拟定</td><td></td><td>审核</td><td></td><td>审批</td><td></td></tr>
</table>

制度二：餐饮部物资管理规定

<table>
<tr><td colspan="2">公司标准文件</td><td rowspan="2">餐饮部物资管理规定</td><td>文件编号</td><td></td></tr>
<tr><td>版本</td><td>A / 0</td><td>页　次</td><td></td></tr>
<tr><td colspan="5">1. 目的
为了更加有效地防止物资流失、降低营业成本，减少物品的破损数量，特制定本规定。
2. 适用范围
本规定适用于酒店餐饮部物资管理。
3. 管理内容
3.1 各部门月底盘点，必须由各部门的物资专管员和主管负责人签字。专管员或负责人若有调离等其他情况，必须在调离之前把所有物资盘点交接清楚并签字。
3.2 各部门制定破损记录，由各部门物资专管员具体负责，每周星期日把破损物品交管事部并作好记录，月底盘点由各部门物资专管员拿出破损原始记录和宾客报损单，累计破损数量，按实际情况补充餐具。若物品流失，必须经部门经理开出证明并签字方可再作补充，各类破损比例之和严格控制在同类物资总数 3.0‰以内。
3.3 月底根据营业情况，由管事部算出破损率（瓷器、玻璃器皿应控制在营业收入 3.0‰之内），并清算出各部门破损金额，破损金额超出 3.0‰比例的以及流失部分由各部门自行负责赔偿（不含客损已收费的物资），低值易耗品应控制在 3.0% 以内。
3.4 在工作过程中，人为故意造成大量餐具破损的，责任由当事人自己承担并赔偿物品原价格的 30%，由本部门集体承担的物品按原价格的 70% 赔偿。</td></tr>
</table>

<table>
<tr><td colspan="6">3.5 餐饮部各部门之间或与餐饮部以外的部门之间进行物资调拨，必须到管事部填写调拨单，由管事部统一调拨。
3.6 各部门不锈钢器具、刀具、用具及固定资产等由各部门自己负责每月盘点一次，各餐厅之间调菜所用的各种瓷器，每餐结束后由各部门物资专管员负责找回，以便做好盘点工作，防止物资的流失。
3.7 经使用仍能保持完整的低值易耗品，如电池、胶皮手套、菜牌等印刷品，以及各厨房内所有不锈钢用具以旧换新。</td></tr>
<tr><td>拟定</td><td></td><td>审核</td><td></td><td>审批</td><td></td></tr>
</table>

步骤七　实操管理表格

表格一：餐饮部每日采购请购单

餐饮部每日采购请购单

（蔬菜、肉蛋、水果类）　　　　年　月　日

部门 数量 品名	宴会		冷菜		西餐		初加工		面点		单价（元）	合计金额（元）
	预买	实买	预买	实买	预买	实买	预买	实买	预买	实买		

表格二：送餐服务记录

送餐服务记录

日期：

房号	服务员姓名	订菜时间	回来时间	收回餐具时间	食品内容

表格三：厨房菜点定额成本卡

厨房菜点定额成本卡

菜肴名称：　　　　　　　　　　　　编号：

<table>
<tr><th colspan="3">规格标准
分类品名</th><th>净料重量（克）</th><th>净料单价（元）</th><th>净料成本（元）</th><th>毛重参考单价（元）</th><th>平均单价（元）</th><th>成本额（元）</th></tr>
<tr><td colspan="2" rowspan="6">主料名称</td><td></td><td></td><td></td><td></td><td></td><td></td><td rowspan="6"></td></tr>
<tr><td></td><td></td><td></td><td></td><td></td><td></td></tr>
<tr><td></td><td></td><td></td><td></td><td></td><td></td></tr>
<tr><td></td><td></td><td></td><td></td><td></td><td></td></tr>
<tr><td></td><td></td><td></td><td></td><td></td><td></td></tr>
<tr><td></td><td></td><td></td><td></td><td></td><td></td></tr>
<tr><td colspan="2" rowspan="5">配料名称</td><td></td><td></td><td></td><td></td><td></td><td></td><td rowspan="5"></td></tr>
<tr><td></td><td></td><td></td><td></td><td></td><td></td></tr>
<tr><td></td><td></td><td></td><td></td><td></td><td></td></tr>
<tr><td></td><td></td><td></td><td></td><td></td><td></td></tr>
<tr><td></td><td></td><td></td><td></td><td></td><td></td></tr>
<tr><td colspan="2">调味料名称</td><td></td><td></td><td></td><td></td><td></td><td></td><td></td></tr>
<tr><td colspan="2">附加品名称（特殊原料）</td><td></td><td></td><td></td><td></td><td></td><td></td><td></td></tr>
<tr><td colspan="2">总成本额</td><td></td><td></td><td></td><td></td><td></td><td></td><td></td></tr>
<tr><td rowspan="3">备注</td><td>附录</td><td colspan="7"></td></tr>
<tr><td>注释</td><td colspan="7"></td></tr>
<tr><td>填表日期</td><td colspan="7"></td></tr>
</table>

表格四：厨房安全检查表

厨房安全检查表

日期：

<table>
<tr><th>岗位</th><th>检查内容</th><th>检查情况</th><th>备注</th></tr>
<tr><td rowspan="6">中餐厨房</td><td>水电关闭</td><td></td><td></td></tr>
<tr><td>煤气阀关闭</td><td></td><td></td></tr>
<tr><td>蒸汽柜／蒸汽锅关闭</td><td></td><td></td></tr>
<tr><td>冰箱、冷柜运转</td><td></td><td></td></tr>
<tr><td>消防器具定位</td><td></td><td></td></tr>
<tr><td>门窗关闭</td><td></td><td></td></tr>
<tr><td rowspan="7">西餐厨房</td><td>水电关闭</td><td></td><td></td></tr>
<tr><td>煤气阀关闭</td><td></td><td></td></tr>
<tr><td>蒸汽柜／蒸汽锅关闭</td><td></td><td></td></tr>
<tr><td>冰箱、冷柜运转</td><td></td><td></td></tr>
<tr><td>消防器具定位</td><td></td><td></td></tr>
<tr><td>门窗关闭</td><td></td><td></td></tr>
<tr><td>……</td><td></td><td></td></tr>
<tr><td rowspan="7">面点房</td><td>水电关闭</td><td></td><td></td></tr>
<tr><td>煤气阀关闭</td><td></td><td></td></tr>
<tr><td>蒸汽柜／蒸汽锅关闭</td><td></td><td></td></tr>
<tr><td>冰箱、冷柜运转</td><td></td><td></td></tr>
<tr><td>消防器具定位</td><td></td><td></td></tr>
<tr><td>门窗关闭</td><td></td><td></td></tr>
<tr><td>……</td><td></td><td></td></tr>
<tr><td>……</td><td>……</td><td></td><td></td></tr>
</table>

检查人：　　　　　　　　　　　　　　时间：

表格五：餐饮部各部门每月营业分析报告

餐饮部各部门每月营业分析报告

____年____月　　　　　　　　　　　　　营业点____________

<table>
<tr><td>1．本月营业额________
其中：食品________
　　　饮料________</td><td>本月预算________
其中：食品________
　　　饮料________</td></tr>
<tr><td colspan="2">2．用餐客人分析
用餐总人数________；外宾________占________%；内宾________占________%
店内客人________占________%；店外客人________占________%</td></tr>
<tr><td colspan="2">3．经营状况分析：</td></tr>
<tr><td colspan="2">4．主要推销活动：</td></tr>
<tr><td colspan="2">5．维修情况：</td></tr>
<tr><td colspan="2">6．培训情况：</td></tr>
<tr><td colspan="2">备注：</td></tr>
</table>

餐饮部经理：

表格六：就餐环境检查表

就餐环境检查表

序号	检查细则	等级			
		优	良	中	差
1	玻璃门窗及镜面是否清洁，是否无灰尘、无裂痕				
2	窗框、工作台、桌椅是否无灰尘和污渍				
3	地板有无碎屑及污痕				
4	墙面有无污痕或破损处				
5	盆景花卉有无枯萎、带灰尘现象				
6	墙面装饰品有无破损污迹				
7	天花板有无破损、漏水痕迹				
8	天花板是否清洁，有无蜘蛛网				
9	通风口是否清洁，通风是否正常				
10	灯泡、灯管、灯罩有无脱落、破损、污渍				
11	吊灯照明是否正常，吊灯是否完整				
12	餐厅内温度和通风是否达标				
13	餐厅通道有无障碍物				
14	餐桌椅是否无破损、无灰尘、无污渍				
15	广告宣传品有无破损和灰尘、污痕				
16	菜单是否清洁，是否有缺页和破损				
17	台布是否清洁卫生				
18	背景音乐内容是否适合就餐气氛				
19	背景音乐音量是否过大或过小				
20	总的环境是否能吸引宾客				

第四章 酒店商务楼层管理

引言：

“商务楼层”又称为“行政楼层”,是高星级酒店（通常为四星级以上）为了接待高档商务客人等高消费者客人，向其提供特殊的优质服务而专门设立的楼层。

商务楼层被誉为“店中之店”，集前厅登记、结账、餐饮、商务中心于一身，为商务客人提供更为温馨的环境和各种便利，让客人享受更加优质的服务。

步骤一　了解国家最新规定

新标准对酒店商务楼层设施设备的规定，具体包括以下几点：

（1）专设接待台，可办理入住、离店手续，并提供问讯、留言等服务。

（2）提供电脑上网、复印、传真等服务。

（3）有小会议室或洽谈室。

（4）有餐饮区域（商务酒廊，提供早餐、欢乐时光、下午茶），面积与商务楼层客房数相匹配，应设置备餐间。

（5）设阅览、休息区域。

（6）可提供管家式服务。

（7）设公共卫生间。

（8）商务楼层的客房：客用品配置高于普通楼层客房，附设写字台电话，且有一键式呼叫管家服务按钮。

步骤二 认识商务楼层

认识一：员工素质要求

为了向商务客人提供更加优质的服务，商务楼层员工，无论是管理人员还是服务人员，都必须具备很高的素质：

（1）气质高雅，外部形象和身材良好。

（2）工作耐心细致，诚实可靠，礼貌待人。

（3）知识面宽，有扎实的文化功底和专业素质，接待人员最好有大专以上学历，管理人员应有本科以上学历。

（4）商务楼层各项服务程序和工作标准熟练掌握。

（5）英语口语表达流利，英文书写能力达到高级水平。

（6）具备多年的酒店前厅、餐饮部门的服务或管理工作经验，掌握接待、账务、餐饮、商务中心等服务技巧。

（7）有较强的合作精神和协调能力，能够与各业务部门协调配合。

（8）善于与宾客交往，掌握处理客人投诉的技巧艺术。

认识二：商务楼层作用

（一）给酒店带来高效益

住商务楼层的客人，多以公费为主，总的来说，消费水平较高。如果客人对某酒店留下好印象或有过愉悦的经历，便有可能成为回头客和常客；客人信誉良好，极少出现拖欠款和跑账现象。商务楼层客房价格均比普通楼层的房价高一档，而且通常不打折扣。

（二）满足客人需要

随着国内经济活动的活跃发展，以及企业灵活的自主经营，国内客人对商务楼层的需求也不断提高。商务楼层的功能齐全，使住客的人身、资财安全，住宿更为方便、舒适，环境更为安静优美，足不出户即可办好想要办的各种事情。

（三）极至服务

商务楼层提供客人个性化服务，要求酒店能尽可能收集客人的各方面信息，以提供客人满意的服务，让客人感受到亲切、诚恳、热情和自豪。

认识三：客人消费特征

商务楼层客人的消费特征，具体如下表所示。

商务楼层客人消费特征

序号	特征	具体内容	备注
1	时间观念强	商务客人时间和效率是首要因素，要求楼层服务随叫随到、有求必应，能提供适应快节奏的服务	
2	高质量消费观念	对酒店提供的每个接待环节要求很严格，同时会经常在酒店宴请客人，可能会购买各种名牌东西	
3	独特消费观念	商务客人，早餐是最好的公务会谈时机，晚餐是公务宴请最重要的社交活动，因此希望酒店可以提供独特的就餐环境，同时提供相适应的娱乐活动	
4	旅行经验丰富	商务客人要求酒店可以提供商务用的各种设施，配备秘书、速记等专业人员	

认识四：商务楼层需求与特征

商务楼层由于客人的特殊性，因此其要求比其他楼层更高。一般商务楼层应具备以下需求与特征。

（一）商务要求与豪华性

商务楼层客房所提供的日用品及客房室内装潢较为高级，必须与电子技术和计算机设备紧密联系。酒店要提供商务服务和通信服务，商务中心要求服务功能全，环境好，服务时间长。

管理常识：

酒店商务楼层客人是否“回头”，取决于酒店客房质量和名气以及酒店内的公务设施。一般的餐厅、服务方式以及本身设备不是关键因素。

（二）需求特征与多功能性

商务楼层客人经常性服务需求主要是订餐、订机票、租车、机场接送、发送传真及秘书服务等。商务楼层应设置相应的大小不同的会议场所及配备相应的设施设备。对复印、传真、打印等设备有较高要求。

（三）工作特征与服务的多样性

商务客人大多要在客房内办公，客房设施设置时要考虑办公条件，方便客人办公。对入住商务客人采取针对性的、个性化的优质服务，以便赢得客人忠诚。

（四）娱乐特征与休闲性

商务客人对利用休闲时间开展娱乐项目兴趣广泛，因此要让客人充实地度过休闲时光。可以在楼层上布置各种娱乐设施。

（五）商务特性与安全性

商务客人对于客房及楼层的安全性要求更高，甚至会议室、走廊等公共区域也会有安全和保密要求。因此商务楼层可以尽量选择可以单独分隔开来的楼层，或采用先进科技方法来满足客人的保密需求。

步骤三　商务楼层环境控制与管理

第一项：商务楼层环境特点

要做好对商务楼层环境的控制与管理，首先需要了解其环境特点。商务楼层环境特点，具体如下表所示。

商务楼层环境特点

序号	特点	具体内容	备注
1	要求高	(1) 基本要求是安全、健康、舒适，具体表现为有效的通风，天然的或适当的照明，室内空气质量良好，良好的声音环境，温度、湿度恰当，没有化学危害品污染 (2) 高要求表现在设施设备齐全和高科技化，消费氛围轻松适宜	
2	脆弱性	商务楼层是相对封闭的人工环境，对于先进通风设施依赖严重，自我调节和平衡能力非常差。如果通风系统或设备指令或管理出现问题，就容易导致空气质量劣化	
3	最小限制率	即整个环境质量的优劣，取决于其中处于最差状态时的因素质量。商务楼层的知觉环境和艺术环境都要达到最佳状态	
4	可控制性	控制性比较强，酒店可以采用科技手段，来营造一个良好的环境，可以针对个人的需求，营造不同的艺术氛围	
5	多变性	商务楼层环境包括因素众多，要对各种因素进行恰当组合和调整，对员工情绪要有良好把握和控制，对客人选择要成功引导	

第二项：知觉环境控制与管理

商务楼层除了保证安全、健康和舒适性以外，更要注意保证经济性，各个功能不分空间大小和布局，客人活动内容和活动时间长短均有区别，对知觉环境的要求因此不相同。

商务楼层知觉环境很大程度上依赖于酒店设施设备，因此对其的控制与管理主要就是对设施设备的选择、安装设计、维修保护和及时改造更新。

第三项：艺术文化环境控制与管理

商务楼层的酒吧、客房应以舒缓的节奏、高雅的氛围为主，艺术文化环境要与消费氛围要与酒店整体相一致。同时要与所在城市的文化气氛和谐，比如建筑风格、消费氛围、室内外绿化都与自然景观相统一协调。

第四项：节能措施

（1）在一人当班时，服务台只开一台电脑。

（2）文印室、上网室的电脑、打印机及碎纸机只在以下情况内开启：每班交接班检查机器是否能正常使用时，正常为客人提供服务时。

（3）文印室、上网室在没有客人的情况下关灯，仅开抽风即可。

（4）楼层温度按公共区域要求设置为23℃。

（5）楼层公共洗手间走廊灯做到人离关灯。

（6）用餐区域暗槽光管、豆胆灯每天18:00～24:00打开（特殊情况可灵活处理）。

（7）电梯厅白天仅亮射灯、筒灯及壁灯，晚上18:00～24:00增加开暗槽光管。

步骤四　工作标准

标准一：营运前准备工作

营运前准备工作

序号	程序	标准
1	开启所有照明和空调设备	（1）开启休息室所有照明及空调，把温度保持在23℃左右 （2）抽风机应保持常开 （3）如电器用品发生故障，要立即填写维修工作单并通知工程部迅速进行维修
2	开启电脑、打印机和复印机	（1）开启酒店终端网络电脑，并调试打印账单纸到适当的位置 （2）开启复印机，记录开机纸张数目，检查复印的效果是否清晰
3	开启咖啡机，配合西餐厅准备好早餐所需的物品等	（1）开启咖啡机，先清洗咖啡机壶，打开水和储备冰粒，以备制咖啡用 （2）检查其他用品是否符合要求和美观
4	检查报纸架、书架	（1）检查报纸架、书架上的报纸、杂志、饰物数量 （2）检查各类报纸、书籍是否齐全及按日期更换，饰物要摆放整齐
5	检查工作区域	（1）保证照明充足，室温适中 （2）电脑运作要正常，打印机纸张位恰当，复印要清晰

标准二：安排交通用车（次日离店客人）

安排交通用车（次日离店客人）

序号	程序	标准
1	整理次日离店客人退房的资料	检查电脑记录，把次日退房客人的房号资料打印出来

（续表）

序号	程序	标准
2	询问客人用车的时间及目的地	询问商务楼层的住客是否需要预订离店的交通服务，并及时跟进
3	出具订车单给车队	在订车单上清楚填写房号、客人姓名、送车日期及时间、目的地、原因、接受车辆预订的车队员工的姓名，同时签署预订经手人的姓名
4	发生特殊情况的处理（如已没车）	立即向订车的客人说明情况，如有需要，安排一名礼宾员陪同客人到酒店门口叫出租车

标准三：传真发送流程

传真发送流程

序号	程序	具体操作
1	传真发送流程	（1）接到客人资料时，应先让客人填写好传真号单，并告知其收费标准 （2）重复一次客人所填写的传真号码，待其确认无误后再发 （3）要注意客人传真件的纸张规格，若是太厚或太薄，应先向客人解释清楚原因，征得客人意见后，先复印一份再发 （4）拨完传真号码后，若对方是人工接通或录音电话时，应注明加收 1 分钟话费，同时向客人解释清楚 （5）传真机上已设定报告单打印的功能，每张传真顺利发送后都有记录显示。如在发送过程中，遇到 NG，应检查是否有详细记录，以确认是否成功发送，如不成功应重发，但同时向客人说明重发要收话费，免服务费 （6）全部传真发送完毕后，传真机会出现一张报告单确认，如传真份数正确时会显示“OK”，则表示全部顺利发完；若显示 NG，应检查哪一张传真件没有传过去，再重发没有成功的那张 （7）完成全部程序后，按发送传真填写发票和计收传真费用
2	备注	传真收费标准： 市内与国内长途按1元/分钟；港澳台按2元/分钟；国际长途按8元/分钟；服务费5元/份；时间不足1分钟按1分钟计算

标准四：传真接收流程

传真接收流程

程序	具体操作	备注
传真接收流程	(1) 商务中心下班后（平时22：30，交易会24：00），将传真转到商务楼层办公室 (2) 商务楼层当班人员在商务中心下班后，应随时留意传真的接收情况 （要求：每隔一小时查看一次） (3) 对于收到传真，应根据传真上的姓名、房号等，在电脑上进行核对，无误后放入传真信封，在信封上写明客人的姓名、房号，然后在登记本上做好登记，若与电脑资料不符的，应在登记本上注明 (4) 当有客人查询传真时，商务楼层人员除查看登记本外，还需进入文印室查看是否有刚到的传真，确认后答复客人，按客人要求送传真给客人（必要时可请礼宾司人员帮助）。如是一次性签单的，请客人签名确认后直接入账；如是现付的，则收取费用后再入账。（入商务楼层杂项，备注写明收传真，填写调整纸，收费标准5元／张） (5) 凡客人已取的传真，由工作人员在登记上注明客已取，签名及时间。客人未取的于次日商务中心上班后，由商务中心人员在登记本上签名取走，并给客人	

标准五：复印服务流程

复印服务流程

程序	具体操作	备注
复印服务流程	(1) 接到客人需要复印的文件时，应先向客人讲清楚收费标准，并确认客人需复印的规格 (2) 清楚客人稿件的规格及字体色泽，若是太浅或太深应向客人解释清楚，把深浅度调好复印一张给客人看，征得同意后方可进行复印 (3) 若是复印数量大时，必须把顺序排好，不能随便乱放或将顺序调乱。复印完以后把复印件按照原件顺序分好、订好 (4) 正反面复印时应根据原件的顺序进行排放，不能头尾颠倒。若客人提出缩小、放大时，应问清楚客人需要用多少百分比例。对客人需复印的原件一定要妥善保管好，不能遗失或损坏	

标准六：打印装订服务流程

打印装订服务流程

序号	程序	具体操作
1	迎接客人	根据具体时间及具体情形，主动、热情地问候客人，并对客人的到来表示欢迎
2	确认相关信息	（1）接过客人的原稿文件，了解客人的要求（字体、格式和其他特殊要求），浏览、查看全文，核对原稿有无不清楚的地方 （2）若有不清楚的地方应当面问清，以确保打印质量 （3）向客人介绍有关打印的收费标准及大概完成的时间，并询问客人的联系电话和房号
3	打印	打开机器，按客人要求的规格进行打印、排版
4	修改文稿	（1）请客人核对打印好的文稿 （2）如果出现错误或客人有修改的情况，则请客人在样稿上用红笔把错误或待修改之处进行标注，以便及时修改 （3）客人将文稿需修改的地方确定好后，商务中心文员要问清客人需要打印的纸张大小，打印份数、字体规格、排列方式及要稿时间，然后按要求在规定的时间内将修改好的正稿打印出来
5	询问客人是否保留文稿	（1）客人来取稿时，应询问客人是否需要保留该文件，若客人要求保留，则要记录下文稿的保留时间 （2）若客人不需要保留，则予以删除
6	装订	（1）了解需求，根据纸张厚度、开本规格及客人的要求，大致再查验一次原件及打印稿 （2）对于较少或较薄的资料，用普通的订书机装订即可，对于较多或较厚的资料，则需要用装订机进行装订。用装订机装订时，首先接通装订机的电源，然后将文稿放入装订机，一切准备就绪后，再以打开的形状进行装订
7	结账	（1）装订完毕后，将文稿交给客人 （2）核算出总的价格，开出账单，问清客人的付款方式 （3）若客人以现金支付，则将账单的第一联交与客人

（续表）

序号	程序	具体操作
7	结账	(4) 若客人要记挂房账，则要了解客人的姓名、房号，并请客人出示房卡或房间钥匙，与电脑核对无误后，将此笔记入客账的费用，并输入电脑终端 (5) 将打印情况填写在“打印登记表”上
8	与客人道别	向客人表示感谢，与客人道别并表示欢迎客人下次光临

标准七：特快专递服务流程

特快专递服务流程

序号	程序	具体操作
1	欢迎客人	客人前来时，要主动向客人问好，并表示欢迎
2	介绍信息	(1) 向客人介绍提供的特快专递服务种类 (2) 主动向客人介绍收费标准，如果客人没有专用信封，则要及时给予帮助 (3) 告诉客人每天投递取件的时间
3	请客人填写邮单	(1) 请客人仔细清点所寄信件的数量，然后在详情单上写好邮寄物的名称、寄件人与收件人的地址、国名、地区、姓名、电话号码等，以方便邮件的准时到达及日后查询 (2) 邮寄国际特快，必须请客人亲笔在信封上注明到达国家的名称，不得代劳
4	称重计价	(1) 仔细称重并按标准收费 (2) 如果邮件过重，无法称重时，则要预估重量并向客人收取押金
5	通知快递公司	(1) 特快专递业务，要立即通知快递公司来人取件，并要求快递公司收件人员在签收本上签名；快递公司用传真发来的详情单要妥善保存 (2) 如果快递公司因故不能及时上门取件，要及时通知行李员寄发 (3) 邮件发出后，及时与客人联系，费用多退少补，以免影响客人的行程 (4) 将寄件人的快递运单连同发票一起交给客人

（续表）

序号	程序	具体操作
6	与客人告别并记录相关信息	（1）向客人道别并欢迎其再次光临 （2）认真填写好“特快专递登记表”

标准八：预订或确认机票流程

预订或确认机票流程

序号	程序	具体操作
1	了解客人预订或确认项目的要求	清楚了解客人要求预订或确认机票的时间、日期、航班、座位及机舱等级等内容，在备忘录上填写妥当并与客人复述一次，说明收费价格和付款方式
2	联系预订或确认	做好上述工作后，应立即把机票预订备忘录或机票确认备忘录（连机票），送到票务中心确认，并取回执
3	通知客人代购或确认机票的结果	（1）取票时应核对备忘录的要求，保证准确无误，确认的机票必须有确认单位盖章 （2）如通过电话与航空公司联系确认，应在机票后注明确认号码及承办人姓名 （3）通知客人购买或确认机票结果，客人取票时应让客人在签收本上签名 （4）按客人的要求办理预订或确认机票服务时，应向客人说明有关事项。确认的机票必须有确认单位盖章，代购或确认机票后应尽快交给客人并要求客人签收

第五章

酒店会议经营管理

引言：

会议经营管理是酒店重要的组成部分。酒店如果配备有完善的全套会议服务，可以吸引更多的客人入住，从而提高酒店的收入。

步骤一　了解国家最新规定

规定一：必备检查项目

新标准对酒店会议方面的检查项目，具体如下表所示。

酒店会议设施必备检查项目

序号	星级	要求	备注
1	三星级	应提供与酒店接待能力相适应的会议服务	
2	四星级	应有至少两种规格的会议设施，配备相应设施并提供专业服务	
3	五星级	应有两种以上规格的会议设施，有多功能厅，配备相应的设施并提供专业服务	

规定二：运营质量评价

新标准对酒店会议运营质量评价，主要包括以下几点：

（1）提供多种厅房布置方案，并有详细文字说明。

（2）各种厅房的名称标牌位于厅房显著位置，到厅房的方向指示标志内容清晰，易于理解。

（3）各厅房的灯光、空调可独立调控；有窗户的厅房配备窗帘，遮光效果好。

（4）厅房之间有良好的隔音效果，互不干扰；台布、台呢整洁平整，完好、无灰尘、无污渍。

（5）音响、照明、投影等设施提前调试好，功能正常；会议期间，及时续水，满足宾客需求；会议休息期间，摆正椅子，整理台面，清理垃圾。

步骤二　认识会议经营

认识一：会议经营益处

（一）扩大企业的社会影响

会议客人往往来自不同地区，代表性广泛。会议接待中给他们留下的美好感受，会让他们将酒店介绍给其亲朋好友。而参加会议的新闻记者在宣传报道会议情况的同时，也间接或直接地为酒店作宣传。

（二）调节淡季市场

会议较少地受气候条件的限制。有调查表明会议旅游在一年中各月份差别不大，因此开发会议旅游市场是充分发挥酒店设施潜力的好途径。

（三）创造可观的经济效益

会议旅游者不仅经费来源可靠，而且消费水平高。他们的经费一般由政府、企业、基金会提供赞助，所以其消费水平也较高。据有关资料统计，会议旅游者的平均消费是普通旅游者的三倍。

认识二：会议市场目标

（一）企业会议

1.企业会议的种类。

企业会议是本行业、同类型以及与行业相关的公司在一起举办会议。企业会议常是以管理、协调和技术等为内容的会议，具体如下表所示。

企业会议的种类

序号	类别	具体内容	备注
1	管理者会议	企业各级管理者由于必须对企业的现状负责，因而也需要经常召开会议，讨论企业的经营方针和需要解决的问题，如企业主管会议、企业董事会议	会议规模很小，但要求能提供便利的会议条件。会议时间不长，一般为两天
2	股东会议	企业每年召开非职员会议，即企业持股者的股东会议	
3	销售会议	一般为新产品介绍和新的销售市场的开拓。通常需要营销者和购买者面对面洽谈。全国性营销会议一般持续 3 ～ 4 天，地方性营销会议为 1 ～ 3 天	一般由公司的营销部门或市场部门来安排
4	技术会议	工程师和科学家们常通过会议的形式来展示科学和技术的进步情况，传达新的观念及更新的技术等	
5	培训会议	技术培训、办公室人员培训以及营销人员、中层管理人员和高层管理人员的培训等	根据不同需要可分为公司内部培训（即在岗培训）和公司外部培训，一般公司管理人员通常在公司外培训

2.对企业会议业务开发的对策。

酒店对企业会议业务的开发，必须将重点放在企业会议的决策者身上。对会议作出决定的权威人士，不仅每个公司不同，而且同一公司每年都有变化，这就要求对公司内部与会议决策有关的部门有一个了解。一般来说，其决策者的情况如下：

（1）总经理。

一些小公司会议活动不多，就没有专门的会议计划部门。在这类公司中，一般是由总经理来作决定，但大公司的总经理就很少参与会议决策。

（2）市场营销部主管。

市场营销部主管是关键人物。他们的正式头衔可能是副总、市场营销部经理等。他们负责国内、国际甚至地域性的活动。公司会议是这个部门的重要内容。他们发起并控制会议的召开，决定会议召开的时间或地点。

（3）广告经理。

有些公司没有专门的会议计划或组织者，而是由一位中层经理（往往是广告部经理）来选择会议地点，担任会议计划的角色，组织会议。一般情况下，广告部经理就能作出最后决定，但有时只能起推荐作用，无论怎样，与他们打交道，必定有助于选择你的酒店。

（4）公司其他管理者。

有时候会议并不是由市场部安排，而是公关部、企业关系部或行政部等来参与公司的一些特殊会议的组织。有时候某些管理者被指定负责某一段时间的会议，然后交给其他人，这类会议如鸡尾酒招待会、晚宴等。与这些部门经理打交道，有助于为酒店带来很多业务。

（5）培训部经理。

很多大的公司都设有培训部。这些大公司经常需要进行人员培训，培训对象为主管级以上的人员或专业技术人员。其人数通常在25～50人，会期为3～5天。

培训会议主要在当地酒店举办，有时也安排到度假村酒店。会议时间和地点的决定者一般是培训部经理。

（二）协会会议

地方性协会、全国性协会乃至世界性协会，如中国旅游酒店协会、美国酒店协会、国际酒店协会，每年都要举办各种会议。

1.职业和科技协会。

各专业技术和学科领域所成立的各种协会长期以来形成的传统性的会议，通常由学科带头人主持召开。这类协会所涉及的主题范围很广。每种行业一般都有自己的协会，如商业协会、贸易协会、医药协会、包装协会、酒店协会、印刷协会等，这些行业和科技协会每年都要进行一次学术交流、探讨和专业培训。会议类型具体如下页图所示。

联谊组织	技术协会	学术协会
职业以外所成立的带有兴趣、爱好、友谊性质的协会或组织，如集邮协会、教师之家、桥牌协会、校友会、各种青年联谊会等，也都定期举行会议	由一定技术职称的专家和专业特长的人员组成的专业协会，如包装工程协会、制冷协会等。他们定期举办自己的会议	学校教师或其他专业人员参加的从地方到全国的学术活动或创作活动等方面的协会，如中国作家协会等

职业和科技协会类型

2.贸易性协会。

贸易会议是指以行业协会和组织牵头，按行业和产品类别举行的展销会，以贸易洽谈为主要形式的会议，常伴有商品展览，会议成员一般都是相关企业公司的营销人员。这类会议有地方性的会议，也有全国性或世界性的会议。

3.会议开发的对策。

了解协会组织有利于营销部有针对性地开展促销工作。协会组织有两种形式。

(1) 大型协会组织。

全国性大的协会组织，有专职、长期的协会管理成员。如协会秘书长、副秘书长、协会主任。协会的管理者们对酒店来说是非常重要的，酒店的营销公关工作往往从他们开始。营销部应注意收集或存档每一个协会及协会的关键成员。

(2) 小型协会组织。

这类组织没有专职管理者，一般都挂靠在某个行业或科研机构下，由其管理人员或专家兼任协会的秘书长等，具体负责人如下表所示。

小型协会组织负责人

序号	负责人	具体内容	备注
1	秘书长	最初提出会议地点或对最终决定地点最有影响的人。尽管秘书长的人选，按任期一届更换一次，但他仍然是协会秘书组的关键人物	在大的协会组织中，往往设有会议计划人员来协助秘书长工作

（续表）

序号	负责人	具体内容	备注
2	协会会长（理事长）	根据组织的结构或特征对某一项目，如某专题的研讨会等地点的选择起着关键的作用	
3	董事会（组委会）	组委会往往要作最后的决定，他们推荐的地点往往被秘书长所接受	

认识三：会议经营要求

（一）符合会议特征

酒店经营会议应根据会议规模大、规格高、要求多、更改频繁的特点来经营。其具体措施如下：

（1）设施能满足会议的要求，包括房间、会议室、设备、展厅及休息厅等。

（2）会议的环境、氛围等有利于会议目标的实现。

（3）能满足会议赞助单位或主办单位对会议场所的要求。

（4）注意会议地点的气候、温度及季节性的活动。

（5）注意会议地点的风土人情和习俗对会议有何影响。

（6）满足与会者家属或同伴的休闲活动需要。

（7）充分为与会者提供交通的方便，包括与会者乘车、船、飞机来回的方便和会议期间提供交通的方便。

（8）会议地政府有关政策，如对外地车辆的管理、货运的限制、保险及税收政策等。

（9）酒店营销、前厅（预订、行李）、餐饮、客房、财务和保安等各部门要通力合作。

（10）配备有会议服务经验或熟练的服务人员以及有会议组织经验的专门人才。

（11）应充分利用本酒店或本地区的运动项目、文化活动、旅游景点、娱乐活动、商务活动、餐馆等来吸引或方便与会者。

（二）满足会议消费需求

会议被公认为是旅游业中利润最丰厚的产品。与会者不仅要住宿用餐，而且还在娱乐、旅游和购买等方面有自己独特的消费需求特征。下面有关会议活动开支的介绍将有助于酒店营销经理对会议活动消费的了解。

1.显性开支。

显性开支是指较为明显的开支项目，具体为：

（1）交通费用的正常开支。

（2）视听设备的租赁费。

（3）餐饮开支、宴会及鸡尾酒会开支。

（4）广告宣传费。

（5）会议室等场所租用布置费。

（6）工作人员加班费、小费及其他服务费。

（7）会议活动正常开支。

2.隐性开支。

（1）管理费用。如文具、邮资、电话费、信函的增加开支、旅行过程中的增加开支。

（2）免费登记，会议邀请。贵宾无需登记和无需支付食宿费和赠送礼品的费用。

（3）偶然性开支。大多数会议计划都需作10%左右的偶然性开支预算。

（4）通货膨胀因素对开支的影响。会议计划的时间越长，通货膨胀因素影响就越大。如车船、飞机等运输工具的涨价会影响到会议开支。

（5）保险费用。会议期间因时间和地区的不同对所需要保险的项目和保险金额要求不等。

3.会议不同阶段的开支。

会议不同阶段的开支，具体如下表所示。

会议不同阶段的开支

序号	阶段	具体费用	备注
1	会前	（1）管理费用：文具邮资、电话服务、办公设备（租金等）、速记服务等各项费用 （2）计划费用：组织者的筹备费用、计划费用 （3）与会议相关的资料、简报等费用 （4）宣传费用：资料打印服务、邮资与邮寄服务费用、文娱活动和旅行费用、公关费用等	

（续表）

序号	阶段	具体费用	备注
2	会中	(1) 管理费用：供应品（大会徽章、会议签到、会议纪念品以及会议小册子）、运输费用、储藏费用、保卫、设备、保险、速记、职员旅费等 (2)会议活动费用：演讲者和与会者的费用、设备租金、场地租金、会议用品的购置费用、娱乐费用、餐饮费用、交通费用及其他服务费用	
3	会后	交通费用、运输费用、印刷费用（会议报告和总结）、报告准备费用、邮资、会议评估过程费用	

管理常识：

作为酒店来说，要尽可能与会议组织者协商，利用自己的专业人员来为会议活动服务，如会议宣传资料，文娱活动安排等。

4.场地需求。

由于经营会议的酒店客流量较大，不但有住店客人，还有外来参加会议的客人，因此，它的厅堂面积比同等普通酒店要大一倍左右，比度假酒店要大30%。由于有大量的非住店客人，餐厅和酒吧的容量又要比上述酒店大10%～50%。其购物设施也要比市区、郊区或机场酒店大50%。

会议和多功能设施要比一般商务酒店多一倍，比度假酒店多1/3。为了营销会议和提供辅助服务，会议酒店的行政区面积比市区酒店和度假酒店要大15%，其办公室面积比一般酒店大25%。

主要会议厅之间的联接要便于参加会议或展览的客人在宴会厅和展览厅之间以及会议厅和分组会议室之间的流动。如果上述设施中有的设施分散在不同楼层，则需要在各个会前集合区之间设置自动楼梯和视控装置。

步骤三　会议经营策略

策略一：会议产品“客人化”

会议产品应根据会议对象有针对性地进行组合促销，让会议组织者感受到会议产品是专门为本次会议服务的。酒店会议产品客人化的努力容易获得会议组织者的信赖，并赢得与会者的好感。

策略二：追求品牌的知名度

会议产品促销，一方面充分宣传酒店的品牌、商标，发挥酒店的知名度的作用。另一方面应通过会议促销使酒店知名度得以延伸或提高。

策略三：寻求产品生命周期的延续

会议产品组合是酒店适应了消费需求的变化，并使酒店产品、市场有效地转移，延长酒店产品的生命周期。

策略四：产品差别化销售策略

产品差别化要强调商品在市场上的适应性。如营销同样的产品可在销售宣传上强调不同的特点和功能，营销不同的产品就可在客人的便利程度上进行宣传，具体有以下几点。

（1）开发有吸引力的销售资料，举办新闻发布会，有效接近市场目标。

（2）推出会议套餐，吸引客人以最经济的方式消费会议厅、客房、餐饮及娱乐设施，鼓励客人试用，从而吸引回头客。

（3）以优质服务和有竞争力的价格，争取大的公司客户，培养客人的忠诚度。

（4）建立回报奖励计划，吸引客户重复使用酒店会议设施。

（5）建立销售奖励，推动会议业务进展，激发员工活力。

（6）与相当级别的酒店保持联络，了解、对比其会议场地面积、场租和其他设施设备的价目，以保持在市场中的竞争地位。

（7）与其他营销人员协作，获得有用的商机。

策略五：突出会议厅的宣传

酒店会议厅的推广活动目的在于提高其知名度。因此，应固定在会议厅的最优卖点上以达到营销的目的。

（1）推广活动要强调会议厅极其便利的、国际性的位置，将会议厅定位为当地会展活动的优选会议地点。

（2）利用所有机会，通过公关活动，推广会议厅的设备设施。

（3）为最大限度地树立会议厅的公众形象，要参加当地贸易展览或其他有关的工业展览。

（4）与国际性的商户一起，参加海外销售之旅及贸易展览，以推广会议厅。

步骤四　会议营销操作步骤

会议经营中，会议营销相当重要，必须做好会议营销工作。

第一步：前期准备

（1）提早给所有与酒店签约的公司、旅行社及会议、展览会、娱乐活动等组织机构寄送有关会议厅的宣传函件，在收到有关问询后，会议销售人员要及时跟进。对上述潜在客户，保持寄送今后会议厅最新的推广资料。

（2）为目标公司、会展组织者、旅行社举行一次熟悉酒店的参观活动，让其对酒店产品有感性认识，从而在宣传酒店方面树立信心。

（3）通过与当地会展中心接触，保持与当地旅游协会、外商投资协会等各行业协会的紧密联系，收集有价值的市场信息或联合推广，争取举办今后的会议、展览和研讨会、座谈会等。

（4）与当地旅游贸易机构和政府机构以及各地政府驻当地办事处建立熟悉的人际关系，争取举办招商会、展览会等。

（5）与各类培训机构、证券交易所、新闻机构等组织建立联系，提供专业会议服务建议，争取商机。

（6）宣传和促进当地大型的贸易展览，最大限度地激发客户对会议厅的兴趣，并借机树立酒店会议厅的公众形象，提高知名度。

（7）对国内外知名的公司进行常规销售拜访和电话促销，以争取潜在的商机。

第二步：确认及签订合约书

在预约时，营销经理要求营销人员一定要记下客人所有的要求，但客人日后可能有变化，所以，营销人员必须将双方所同意的事项记录在合约书上并请客人签字，以保障客户与酒店自身的权利。

如果客户没时间亲自到酒店进行签约手续，营销人员可以通过书面、传真或邮寄的方式，将文件送交至客人手中，请客人在合约书上签字，签妥后再传真或邮寄回以示慎重。

在签订合约时，酒店通常会要求收取费用的10%作为订金。

第三步：发布会议通知单

营销经理在与客户谈妥承办会议细节后，对内应发布一份类似公文的会议通知单，告知各个部门在该会议中所应负责执行的工作。

会议通知单即可称为这些工作部门的“工作订单”。会议通知单的内容包括契约书中的主要资料，以及各单位所需准备的物品内容和相关事项，如会议时间和相关事项、接洽人、特殊要求等。各部门接获会议通知单后，必须按照通知单上的要求执行工作。

会议接待通知单

填写人： 年 月 日

<table>
<tr><td colspan="2">会议组织单位</td><td colspan="4"></td></tr>
<tr><td>会议时间</td><td colspan="2"></td><td>人数</td><td colspan="2"></td></tr>
<tr><td rowspan="2">会议厅</td><td>贵宾厅</td><td>厅</td><td>号会议室</td><td colspan="2">其他</td></tr>
<tr><td></td><td></td><td></td><td colspan="2"></td></tr>
<tr><td>标 准</td><td colspan="2"></td><td>结算方式</td><td colspan="2"></td></tr>
<tr><td>联系人</td><td colspan="2"></td><td>联系电话</td><td colspan="2"></td></tr>
<tr><td colspan="6">会议要求：</td></tr>
<tr><td colspan="6">备注：</td></tr>
<tr><td colspan="6">抄送：客房部、餐饮部、前厅部、工程部、保安部、康乐部、总经理办公室</td></tr>
<tr><td colspan="2">营销部经理</td><td colspan="4"></td></tr>
</table>

第四步：再次确认

客户有时候会对会议细节稍作修改，如参加人数的增减等。为适应这种临时变更，负责会议营销的部门应该在会议举办前一周，再与客户确认会议相关事项，将发生错误的可能性降至最低。

在以电话或传真方式与客户确认后，如果没有需要变更的事项，一切准备工作即可依照会议通知单所述进行；但若客人对于会议提出任何变更，营销部门就必须马上以会议变更单通知各相关部门。

使用变更单明确传达会议信息，其相关部门便不再允许有未接到通知的借口，所以有效避免了各部门互相推诿责任。

会议接待变更单

填写人：　　　　　　　　日期：　　　　　　　　变更（　）　　　　取消（　）

<table>
<tr><td>会议名称</td><td colspan="4"></td></tr>
<tr><td>变更或取消原因</td><td colspan="4"></td></tr>
<tr><td>变更项目</td><td colspan="4"></td></tr>
<tr><td>会议组织单位</td><td colspan="2"></td><td>人数</td><td></td></tr>
<tr><td rowspan="2">会议厅</td><td>贵宾厅</td><td>厅</td><td>号会议室</td><td>其他</td></tr>
<tr><td></td><td></td><td></td><td></td></tr>
<tr><td>标准</td><td></td><td>结算方式</td><td colspan="2"></td></tr>
<tr><td>联系人</td><td></td><td>联系电话</td><td colspan="2"></td></tr>
<tr><td colspan="5">客人要求：</td></tr>
<tr><td colspan="5">备注：</td></tr>
<tr><td>营销部经理</td><td colspan="4"></td></tr>
</table>

报：总经理、副总经理；

送：总经理办公室、营销部、客房部、餐饮部、工程部、保安部、财务部、大堂经理、前厅部。

会议接待变更单上须详细载明会议原案及修订后的变更项目，以白纸黑字清楚地告知相关部门必须修改的工作项目，这样各部门即可依照变更内容调整工作，合力达成客户的要求。

第六章 酒店安全经营管理

引言：

国家最新规定强化安全管理，将应急预案列入各星级的必备条件，由此可见酒店安全管理的重要性。

酒店安全工作维护的对象是人，主要包括客房住宿客人、餐厅消费大众、服务于酒店的全体工作人员及外包业务工作人员。酒店安全工作的目标则是使人的生命避免受到危害，人的身体避免受到损伤，人的财物避免受到意外损失。

步骤一　了解国家最新规定

规定一：安全管理要求

新标准中明确的安全管理要求，主要包括以下几点：

（1）星级酒店应取得消防等方面的安全许可，确保消防设施的完好和有效运行。

（2）水、电、气、油、压力容器、管线等设施设备应安全有效运行。

（3）应严格执行安全管理防控制度，确保安全监控设备的有效运行及人员的责任到位。

（4）应注重食品加工流程的卫生管理，保证食品安全。

（5）应制定和完善地震、火灾、食品卫生、公共卫生、治安事件、设施设备突发故障等各项突发事件应急预案。

规定二：安全设施评分

新标准的酒店设施设备评分表中，安全设施共占16分，其评分标准如下表所示。

酒店安全设施评分表

<table>
<tr><th>大类</th><th>小类</th><th colspan="3">具体类别</th><th>实际得分</th></tr>
<tr><td rowspan="7">1. 客房安全设施（8分）</td><td>1.1</td><td colspan="3">电子卡门锁或其他高级门锁（2分）</td><td></td></tr>
<tr><td>1.2</td><td colspan="3">客房门有自动闭合功能（1分）</td><td></td></tr>
<tr><td rowspan="3">1.3</td><td rowspan="3">贵重物品保险箱（3分）</td><td colspan="2">1.3.1 位置隐蔽，照明良好，方便使用（1分）</td><td></td></tr>
<tr><td rowspan="2">1.3.2 数量（2分）</td><td>100%的客房配备（2分）</td><td rowspan="2"></td></tr>
<tr><td>不少于50%的客房配备（1分）</td></tr>
<tr><td>1.4</td><td colspan="3">客房配备逃生电筒，使用有效（1分）</td><td></td></tr>
<tr><td>1.5</td><td colspan="3">客房配备与宾客人数相等的防毒面具（1分）</td><td></td></tr>
<tr><td rowspan="5">2. 公共区域（6分）</td><td>2.1</td><td colspan="3">有安保人员24小时值班、巡逻（2分）</td><td></td></tr>
<tr><td rowspan="2">2.2</td><td rowspan="2">闭路电视监控（2分）</td><td colspan="2">覆盖酒店所有公共区域。画面清晰，定期保存监控资料（以当地有关部门规定为准）（2分）</td><td rowspan="2"></td></tr>
<tr><td colspan="2">电梯、大堂、走廊、停车场出入口等主要公共区域有闭路电视监控（1分）</td></tr>
<tr><td>2.3</td><td colspan="3">通往后台区域有明显提示，有安全可靠的钥匙管理制度（1分）</td><td></td></tr>
<tr><td>2.4</td><td colspan="3">各通道显著位置设有紧急出口标志（1分）</td><td></td></tr>
<tr><td rowspan="2">3. 食品安全（2分）</td><td colspan="4">设食品留样化验室，并有相应管理制度（2分）</td><td></td></tr>
<tr><td colspan="4">设食品留样柜（1分）</td><td></td></tr>
</table>

步骤二　制订安全计划

在熟知安全管理的重要性之后，就要制订安全计划。

第一项：明确制订目的

一份完整的酒店安全计划，应包括明确的安全政策以及精心设计的程序、过程和活动。

经营管理者应考虑酒店各种安全问题发生的可能性，采取的措施绝不能是临时的、局部的、应付式的或事后弥补式的。应审视酒店各部门、各环节的服务工作，明察其中可能出现的安全问题，在此基础上制订出一个完整的安全计划，并使这个安全计划与酒店自身的各项经营管理工作紧密地结合起来。

第二项：明确制订要求

安全计划的制订要求，具体如下表所示。

安全计划的制订要求

序号	要求	具体内容	备注
1	考虑各种安全因素	制订酒店安全计划，首先应考虑对本酒店安全造成威胁的各种因素，全面调查这些因素是如何产生，如何对客人造成侵扰，如何对客人、对酒店造成损害和损失的	
2	制定各项安全标准	在制订安全计划时，应在国际普遍规定的安全要求的基础上，结合酒店自身的实际情况，制定出各个场所、各项服务工作的安全标准，并根据所制定的安全标准，提出实际解决问题和处理事故的办法	

（续表）

序号	要求	具体内容	备注
3	强调法规符合性及可接受性	酒店安全计划的内容必须符合国家的有关法律法规，必须符合酒店所在地的地方性有关法规及社会治安条例，同时应考虑到该安全计划的内容与实施能否为酒店客人所接受的问题	
4	不断更新和发展	依据情况的变化及客人安全需求的变化，不断进行更新和发展。安全计划的内容也应有机地结合在各工作部门及各工作岗位的职责和任务中，以文件形式固定下来，作为定期安全检查的依据	

第三项：明确制订要领

安全计划主要包括客人安全、员工安全以及财产安全。

（一）客人安全

酒店对入住客人的安全负有特殊的责任，使其免遭人身的伤害，并保护其财物安全。

1.入口安全。

酒店是客人频繁出入的地方，酒店的大门是向社会敞开的，要接待客人住宿、就餐等，因此，酒店大门的控制就显得十分重要。大门入口的安全措施一般有：

（1）酒店的入口不宜多设，应把入口设置为有控制的大门，即入口应有安全门卫或者闭路电视监视设备。

（2）夜间应只使用一个入口。

（3）应对酒店门卫进行安全方面的训练，并配有专职保安人员，如发现有可疑人物或活动，能及时与安全部联络。

（4）有条件的话，在大门入口处安装闭路电视监视器，对入口处进行无障碍监视，使监视人员与门卫及在入口处监视的保安人员形成一个无形却有效的监视网。

2.电梯和楼层走道的安全。

在大多数酒店，电梯是到达客房的主要通道。为确保客房的安全，必须对电梯加以严格控制。应制定以下具体措施：

（1）该岗位上的服务人员同样应施以安全训练，对进入客房楼层的可疑人物或可疑现象进行监视，并与楼层保安人员保持联络，以进一步监视，或采取行动制止犯罪行为。

（2）应有保安人员在客房走道进行巡视。巡视中，应注意在走道上徘徊的外来陌生人员及不该进入客房楼层或客房的酒店员工。同时也应注意客房的门是否已关上及锁好，遇到异常现象应密切注意，紧急事件应及时与安全部联络。

（3）应对电梯定期检查和维修，防患于未然，减少安全隐患。

（4）确保楼层走道的照明正常，地毯铺设平坦，以保证客人及员工行走的安全。

3.客房安全。

客房是客人暂住的主要场所及其财物的存放处，因而客房安全是至关重要的，这也是酒店安全计划的主要内容。

（1）客房门锁的安全。

客房门锁是保护酒店客人及财产安全的一个关键。坚固和安全的门锁以及严格的钥匙控制制度是客人安全的一个重要保障。为保证客人人身及财物的安全，应设计出一个严格的、结合了本酒店实际情况的钥匙控制系统，使之切实可行。

（2）客房内设备的安全。

茶具及卫生用品，都应及时、切实消毒；卫生间的地面及浴缸都应有防止客人滑倒的措施；应定期检查家具的牢固程度，使客人免遭伤害；客房桌上应放有展示有关安全问题的告示或须知，告知客人如何安全使用客房内的设备与装置，以及紧急情况发生时应采取的行动及联络电话。

4.员工遵循的客房安全程序。

计划中应有如下具体措施：

（1）前台人员在接待访客时，应遵循为住店客人保密的原则，绝对不能将客人的情况告诉不明身份的访客。

（2）行李员引领客人进房时，要向客人介绍安全装置，如门锁、门链、门镜等的使用，并提醒客人阅读桌面上有关的安全告示或须知。

（3）客房清扫员在清扫客房时必须开着门，清扫时应检查客房里的各种安全装置，若有损坏，应及时报告安全部。

5.客人行李安全保管。

酒店有义务为客人运送行李及保管行李，并确保行李安全无损。因此，在制订行李保管计划时应要求：

（1）对尚在大厅办理入住登记手续的客人的行李，尤其是等待送入客房的团队客人的行李，行李员和在大厅巡视的安全部人员须在一旁密切注意，以防不测。

（2）对于寄存的行李也应确保其安全，可在前台后部设一行李房，行李房供保管团队客人行李及寄存行李之用，寄存和发放行李应按照规定的程序进行。

6.客人财物安全保管箱。

客房虽有门锁及其他安保措施，但并不绝对安全。因而按照国家有关法律规定，酒店必须设置客人财物安全保管箱，并有一套登记、领取和交接制度。在制订该计划时应要求：

（1）酒店财物安全保管箱应放置在使用便利、易于控制的场所，一般设在前台后面的区域，未经许可，任何人都不得入内。

（2）使用安全保管箱时，只能允许一位客人入内，使客人能放心地把贵重物品存入安全保管箱。

（3）按照国际惯例，安全保管箱的钥匙只配制一把，如果客人把钥匙丢失或不能交回钥匙，须缴付开保管箱的一切费用。

7.伤病客人安全处理措施。

酒店应有预防客人受伤病之害的各种措施。如发现伤病客人，应在现场急救，或迅速护送病人去附近的医院。酒店如无专门的医疗室和专业的医护人员，应选择合适的员工接受急救专业训练，并配备各种急救器材及药品。

（二）酒店员工安全

酒店员工安全应是安全计划的组成部分。在制订员工安全计划时，应从员工安全的角度出发，从整个酒店的运作过程出发，结合各个工作岗位的工作特点，制定员工安全标准，并配合各种预防措施和保护手段，具体如下页表所示。

酒店员工安全

序号	类别	具体内容	备注
1	员工人身安全	（1）保障各营业点的员工免受外来侵扰 （2）前台的收银处应有配套的安全措施，只需保留少量的现金	
2	员工岗位安全	（1）对各个工作岗位都应该制定安全操作标准 （2）对员工进行安全工作、安全操作的技术培训 （3）定期检查及维修工具与设备 （4）员工之间的相互协作安全	
3	员工个人财物安全	（1）告诫员工在上班时不要带太多贵重物品及钱财，同时要为员工配备个人的衣物储藏箱。个人的衣物储藏箱应放置在更衣室内，并有保安人员巡视 （2）在员工进出口处应有保安值勤，以防外来不良人员窜入，盗窃员工财物	

（三）酒店财产安全

酒店在营业过程中有许多物品采购任务，还有数目可观的现金流通，应对这些运作过程严加控制，制订安全管理计划，防止贪污或偷盗事件的发生。同时，酒店还拥有大量的财产及物品，要防止酒店财物的滥用、浪费或偷盗。

1.防止酒店员工的盗窃行为。

（1）物资流通方面，应制定严格的财物制度，定期进行财物检查，防止工作人员的贪污行为；采购物资进店，为杜绝供、购双方串通舞弊，应有财物部门的控制人员参加验收，检验物资的品种、数量及质量；对仓库的储存物资，应定期检查，定期盘点数目。

（2）员工上下班都必须身穿制服，胸戴名牌，便于保安人员识别；在员工上下班进出口，由保安人员值班，对员工携带出去的物品进行监督、检查；员工领用物品的手续应严格照章办事。

（3）对各营业点存放的现金额度应加以严格的控制和限制；制定严格的收银制度；交接现金应有保安人员陪同及参加。

2.防止住店客人的盗窃行为。

对于酒店来说，住店客人中的一些不诚实人员也应加以警惕。客人偷盗的对象往往是客房内的物品，如手巾、浴巾、房间用餐的餐具以及其他有使用价值或有纪念意义的物品。所以，对此行为应制定相应的措施：

（1）将一些有可能成为客人偷盗目标的物品印上或打上酒店的标志或是特殊标记，以打消客人的偷盗念头。

（2）对于那些有可能引起客人兴趣，能留作纪念的物品，可在酒店商场展出、出售。这点应在“旅客须知”中说明。

（3）客房部的员工在日常收拾、整理时，应对客房内的物品加以检查；在客人提出退房时，更应对房间内的设备和物品进行检查，如发现有物品被偷盗或被损坏，应及时报告前台。

3.防止逃账或假支票、假信用卡。

除了酒店物品和设备易发生被盗事件外，酒店还应该防止客人的逃账及使用假冒的信用卡或假支票。

（1）对既无预订住房又无行李的入住客人，要求其先付房费，如其提出使用信用卡付款，则须当场验证。

（2）在客人登记入住时，要验证客人提交的信用卡，并将其信用卡复印下来，以备在客人逗留期间进一步加以验证。

（3）登记入住的同时，应检查客人的身份证明；对外国客人应检查其护照，核实护照的有效性及持有人的身份；如两人同住一房，还应要求两位客人都要登记，并出示身份证明或护照。

（4）各营业点的收银员应及时将转账账单转至前台，以防止出现漏账，尤其防止即刻结账离店的客人故意的逃账行为。

（5）对于使用支票的客人，应注意支票的有效性；收银员要熟悉各国货币及各种旅行支票，并借助验钞机来识别假币及假支票。

4.防止外来人员的偷盗行为。

酒店进出人员较多，为保证酒店财产安全，应对外来人员进行相应的控制，防止偷盗事件的发生。

（1）加强对外来人员的控制，在楼层走道及其他公共场所，应有保安人员巡视，防止外来不良分子窜入作案。

（2）各门卫对携带出大门的酒店内的物品、设备应加以盘问，酒店的设备、用具、物品等须送出店外修理的，必须有所属部门的经理签名，并在安全值班人员登记后，才能放行。

（3）外来的办事人员、送货人员、修理人员等只能从员工入口处出入，并须经过安全值班人员弄清楚来意后才能放行；对他们带入酒店的物品应进行登记，还应密切注意和检查他们带出酒店的物品。

步骤三　安全管理重点事项

第一项：建立安全部门

（一）安全组织和安全机构

按照公安部门的要求，酒店为了做好安全管理工作，应建立相应的治安组织与机构。

1.治安组织。

治安组织是指酒店成立的治安委员会，它主要由酒店专门负责安全工作的领导、保安部和其他有关部门的负责人组成，其工作主要是全面规划酒店的治安工作，制订与落实酒店治安工作的计划与政策，制定逐级的治安责任制，定期检查各部门的治安工作等。

2.治安机构。

治安机构是指酒店安全工作的执行机构，负责日常安全工作的布置、指导、监督、检查以及对治安事故的处理。

（二）酒店安全部门

1.配备安全管理人员。

酒店的安全工作是关系到酒店能否正常经营的一项长期而重要的工作，它贯穿在酒店的整个生产服务的过程中。因此，专职的安全管理人员及安全执行人员是酒店组织机构中必不可少的。

2.其他工作。

为保证酒店安全工作的有效管理及执行，酒店还必须为安全部门做好以下工作：

（1）合理地组织专职保安人员，明确其职责任务，建立好上下沟通的渠道，使保安部在整个酒店的安全工作中具有权威性，有利于安保工作的开展。

（2）为保安人员提供必要的训练，使其明确掌握酒店安全工作所必须具备的态度、知识和技能。

（3）重视保安人员的工作，为其提供各种必要的、合适的工具、设备及有效的技术。

（4）配合安全部门建立起执行安全工作所必需的各种信息及反馈系统，即各种详细的岗位职责说明、安全检查表及各部门的业务情况，使安全部门能更为有效地开展工作。

（三）确定安全管理任务

1.酒店内部管理。

作为酒店内部的执法部门，安全部门除了有责任和义务保证酒店的安全，还应协助酒店经营者管理内部事务，严格落实各岗位员工安全工作职责。

（1）负责对员工通道和员工上下班进出口进行纪律检查，纠正违纪现象。

（2）对携带酒店物品外出的人员要按规定进行检查，防止发生偷盗行为。

（3）根据酒店实际，制定酒店内部的安全制度，对酒店的经营范围、建筑结构通道及工程设备的分布进行统筹考虑，合理安排保安人员，正确划定巡查线路。

（4）维护酒店内的工作秩序，制止酒店员工的违章、违纪行为，如在酒店内嬉戏打闹、损坏公物等。

（5）对公共场所要加强管理，注意有无擅离岗位的员工、衣履不整或不佩戴名牌的员工，对于无端窜岗的员工或下班后仍逗留酒店的员工要格外注意。

2.保安人员管理。

根据安全部门的工作性质，保安人员除了应遵守酒店的员工守则，还应该根据保安工作的要求，强调自身的执法守纪。因此，保安人员应遵守下列规定：

（1）安全部门应要求保安人员做到律人律己，如保安人员自己违反纪律，则一律从严处理。

（2）加强保安人员的日常训练，严格日常管理和内务检查，应有定期的思想政治和业务知识培训。

（3）在值勤和日常工作中要自尊自爱，做到廉洁奉公、遵守原则，不得损人利己、损公肥私。

（4）保安人员应服从上级安排，上下同心，通力配合。

（四）明确酒店安全工作职责

酒店管理者必须让酒店员工，特别是让保安人员明确其职责。具体可参考下表。

酒店安全工作职责表

岗位	职责内容
共同职责	1. 积极、主动地维护酒店内部的治安、交通秩序，做好防盗、防火、防止意外事故等工作 2. 严格遵守酒店的各项制度和部门规定，认真学习法律知识，有较强的法律法纪观念 3. 坚持文明礼貌值勤，严禁打人骂人、粗鲁急躁及侵犯人身安全的行为 4. 按时上下班，不迟到，不早退，着装整齐，精神饱满，处事果断，训练有素 5. 在岗时不做私事，提高警惕，敢于与一切不良行为作斗争，发现违法犯罪人员及行为能奋勇向前，保护酒店和客人利益
酒店门卫	1. 酒店门卫要着装整齐，精神饱满，仪态大方，对客人要热情、礼貌、周到、彬彬有礼，使客人对酒店产生好感 2. 酒店门卫担负酒店大门交通秩序，引导车辆进入和人员过往，保障车辆和行人的安全，使酒店大门畅通无阻 3. 对来店的宾客要有礼貌，无论是步行还是乘车来的客人都要表示热烈欢迎。对乘车来的客人，要协助迎宾员照料客人下车；如有需要车位的客人，应协助安排好 4. 切实做好门前的警戒工作，发现有衣冠不整或行迹可疑者应提高警惕，注意其动向 5. 对带有可疑品、危险品或易燃易爆品进入酒店的客人要及时发现，劝其交安全部门代为保管 6. 遇有旅游团队入住酒店的，应有事先的安排，如疏通车道或组织欢迎的队伍 7. 对离店的客人要表示热情地欢送，欢迎他们下次光临酒店；对携带有大件物品离店的客人要有礼貌地查询，实属客人的行李要予以放行，并协助客人和行李员将客人的行李搬上车 8. 做好夜间门前的警戒工作，防止在酒店门口发生斗殴闹事等事件，对夜间进出者要加强检查，对于车辆的进出也要严格把关，发现有证件或手续可疑者应及时记录并报告安全部

(续表)

岗位	职责内容
巡逻岗	1. 加强对重要区域的巡逻，发现可疑的情况，应视情节处理或及时报告安全部 2. 定岗定哨，每一个巡逻保安在自己的区域里都要认真履行自己的职责，及时发现事故苗头，消除隐患 3. 在楼层巡逻时，要检查客房的安全管理情况，楼层的通道、墙护板、电插座等是否有不安全因素 4. 楼层若发生意外事故，如有客人闹事、斗殴、损坏客房设施等，应及时处理或带到安全部酌情处理，如发生火警、盗警、凶杀、爆炸等，要迅速组织客人疏散，保护好现场，立即进行处理，防止事态扩大
大堂保安岗	1. 维护大堂的秩序，对在大堂无理取闹的客人应予以说服教育，进行婉言劝说，制止客人在大堂争吵、大声喧哗、追逐打闹 2. 大堂是宾客出入之地，人多，事务复杂，大堂的保安员应提高警惕，保证酒店客人和酒店财产的安全 3. 大堂保安应坚守岗位，不得擅离职守，更不能聊天或打私人电话，影响正常工作 4. 要热情礼貌地回答客人的询问，严禁言语无礼、粗心、冷淡地对待入店的客人 5. 认真履行保安岗位职责，热情接待入住或离店的客人，协助前台为客人办理入住或离店手续，同时注意保护好客人的行李财产 6. 保证大堂内的文明环境，对衣冠不整的人员进入大堂，或小孩在大堂追逐玩耍的情况要及时制止 7. 注意维护大堂内的一切公共设施，如发现有人破坏应立即制止，严重或不听劝告者应报告安全部据情作出处理 8. 夜深时要加倍警惕，注意出入大堂的人员，发现有可疑人员应上前盘询，并密切注意其动向
消费娱乐场所保安岗	1. 针对娱乐场所人多、情况复杂的特点，保安员应保持高度的警觉，密切注意场内的动向，维护好场内的治安秩序，防止场内出现起哄争吵、打架斗殴、捣乱骚动等事件。如发生上述事件，要及时制止肇事者，并将其带到场外或安全部妥善处理，注意不使事件扩大化，以致造成不良影响或妨碍其他客人 2. 注意保护在场客人的财产及人身安全，防止不法分子浑水摸鱼、客人的财物被盗或酒店的财物遭损害

（续表）

岗位	职责内容
消费娱乐场所保安岗	3. 对场内可疑人员要严加监视，发现有违法犯罪分子要及时擒拿，使其无作案机会，确保客人生命财产安全 4. 旅游旺季或在客人较多的情况下，更要维护好场内秩序，组织客人有秩序地进场、退场，防止拥挤，避免出现人员伤亡或其他事故 5. 场内如遇紧急事故，如出现火警、爆炸等，要先稳住局势，安定在场的客人及其他工作人员，及时报告安全部门，做好疏散工作，组织客人有序地离开现场，避免事态的进一步恶化
停车场交通保安岗	1. 积极维护好停车场的交通安全秩序，认真按照酒店的各项制度和部门规定办事，做好本职工作 2. 对进入停车场的车辆要及时引导其停放，要认真查对车证，并进行登记，同时验明车况是否完好，做好详细的记录，让车主当场验证，同意属实并签名后方可停放 3. 维护停车场的安全，做好防火、防盗、防破坏等工作，使客人能安心停放车辆 4. 对开出停车场的车辆要仔细查证，核对入场时所填写的表格，在情况属实时才予以放行，如发现手续不齐或其他可疑的情况，要立即进行查询、拦阻 5. 做好对入场停放车辆的收费工作，车走即收费，所收款项应有记录，不能出现损公肥私、谋取私利的情况 6. 坚守岗位，夜班值勤要加强警戒，对于夜晚 11：00 以后开出的车辆，要认真做好检验工作，把握好验证过关的原则，不能让无关人员在停车场逗留

（五）预防灾害事故

预防是酒店安全中极为重要的一项工作，酒店管理者和员工应认真落实安全责任制，做好安全防范工作，要利用各种机会，采取各种形式，使酒店各个成员都能提高安全意识，自觉维护和遵守各项规章制度。

1. 坚持定期检查。

应坚持安全检查工作，查缺补漏，防患于未然。要定期或不定期地对酒店的重要安全部门进行检查，发现隐患应及早处理。

2.制定安全检查工作的检查程序。

首先要组织力量，明确检查计划、目的、方法和要求；然后深入检查部门，切实进行细致的检查。对检查的结果要记录在册，对发现的漏洞、隐患和不安全因素，要研究整治措施和改进的办法；对于重大问题要及时上报，及时解决。

3.及时总结经验教训。

及时总结酒店内安全管理问题上的经验教训，对安全工作做得好的部门及个人要进行表扬、奖励，对存在的安全隐患要提出警告；对已发生不安全事故的部门，则应依照酒店的安全管理规则进行处理，认真查清事故原因，判明事故性质；对玩忽职守的肇事者，应酌情给予处分。

第二项：建立安检制度

酒店每年应制订年度检查计划，指定有关人员负责实施，年度结束后应对实施成果予以检讨，作为下年度制订检查计划的参考。

（一）定期检查

定期检查是对工作场所的各种设备，按照其性质进行关键性部分的检查、使用前检查、预防保养检查、房务检查及一般安全检查。

1.检查步骤。

一般安全检查的步骤可分为五点，具体如下表所示。

安全检查的步骤

序号	步骤	工作要点
1	准备	（1）以正面的态度开始 （2）规划检查工作 （3）了解检查的项目 （4）制作查核表 （5）准备工具与文件资料
2	检查	（1）使用查核表 （2）检查酒店四周环境及位置偏远的项目 （3）清楚地描述每一项目及其位置

（续表）

序号	步骤	工作要点
3	采取补救措施	（1）考虑损失的潜在严重程度 （2）评估发生的几率 （3）制定替代性的解决方案 （4）评估针对潜在危害的控制程序 （5）决定控制的作用
4	执行追踪行动	（1）确认改善建议 （2）列出工作顺序 （3）确认补救行动是否按时执行 （4）稽核是否依计划内容执行 （5）最后检讨
5	准备检查报告	（1）以书面方式清楚列出 （2）写下建议事项 （3）记录前次检查后未结案项目 （4）使用编码 （5）简化追踪报告

2.关键性部分检查。

检查某些部分，这些部分的失误或失常会造成酒店的损失。在实施检查追踪时，可设计重点检查记录表、抽样追踪检查表，针对关键性部分检讨可能造成的事故。

3.预防保养检查。

检查某些部分，这些部分可能损坏，需要检修或调整。

4.使用前检查。

服务人员、技术人员、司机对那些与操作的正确性或安全性有重要关系，以及使用时可能造成损坏或处于不标准状况的系统进行检查。

（二）非正式检查

领班人员对现场进行巡查，及一般员工对不标准状况进行报告。

第三项：运用监视系统

为防范可疑的人、事、物，许多酒店在其公共区域、重要通道及楼层走廊等处装设闭路电视，建立监视系统，确保酒店人员、财务与设施的安全。

安全监视作业内容包括：

（1）负责监视任务，随时查看电视监视器上所出现的每一画面。

（2）若画面可疑时，先区分是否为住客、员工或其他闲杂人员，并判断其动向，固定该楼层或该区域的闭路主机开关，通知值勤安全人员，或向上级报告并前往处理，正确查证可疑原委并记录于“酒店安全值勤工作记录表”内。

（3）录像带一律由监控员保管，不得外借，不得将所见的私人行为向外人泄露。

第四项：安全联防

为加强各酒店安全业务，互通实时治安信息，发挥综合力量及守望相助精神，许多酒店采取安全联防制度。其注意事项如下：

（1）每日住房客人名单，次日整理后送往派出所。

（2）非常重要的贵宾莅临时，应事先将时间、地点、主办单位、会议性质及人数等资料告之联防酒店、安全机关及派出所。

（3）发生治安事故，应立即填写“酒店安全联防通报（记录）表”，并通报联防酒店，必要时获得协助。

（4）接获其他酒店的通报时，应传真至各联防酒店及本酒店相关单位参考，以防止类似事情发生。

第五项：加强消防管理

（一）设立消防组织与消防机构

酒店作为公共场所，应重视消防工作，建立相应的消防组织和消防机构。建立消防组织，是指酒店应设有专门的消防管理委员会，全面负责酒店的消防工作。消防机构是指在酒店消防管理委员会领导和指导下的消防执行机构，它负责日常的消防检查工作。

1.酒店的消防管理委员会。

酒店设立消防管理委员会，负责本酒店的消防工作制度的设定、落实与检查。酒店各部门都应服从消防委员会制定的消防管理制度。消防管理委员会的职责如下：

（1）认真贯彻执行国家法规和公安消防部门的有关消防安全工作的指示和规定，实行“预防为主，防消结合”的方针，制定各种防火安全制度，组织实施逐级防火责任制和岗位防火责任制，制订灭火方案和疏散计划，督促各部门贯彻落实防火安全工作。

（2）把防火工作纳入到日常管理工作中，充分发动与依靠每一个酒店员工，定期研究和布置每个部门的消防工作。

（3）开展消防业务的宣传和消防知识的培训，定期组织酒店的消防演习，让防火意识深入到酒店每一个员工的思想中。

（4）定期检查酒店内各部门的防火情况，检查各种消防设备、灭火器材，消除火灾隐患和不安全因素。

（5）负责检查和指导消防器材的配备、维修、保养和检测，及时调配、补充消防器材，排除消防设备隐患。

（6）负责协助工程部进行酒店的新建、改造工程中消防设施的设计、呈报、审批工作。

（7）一旦发生火灾，担任现场指挥，组织酒店员工进行人员疏散工作及扑救工作，负责追查处理火警事故，调查火灾原因。

2.消防中心。

消防中心是消防工作的执行机构。消防中心在酒店安全部门或有关部门的领导下，以及公安消防部门的指导下，具体负责消防工作，保障酒店的正常营业。消防中心的主要工作有：

（1）负责各种消防设施、设备和器材等消防工作的硬件管理。主要是定期检查和保养消防设施与器材，确保消防设施、器材的完好。

（2）每日派专人检查、巡逻，发现不安全因素立即排除和上报，杜绝不安全事故的发生。

（3）制订防火、灭火与疏散计划及其实施方案，对员工进行消防教育和培训，使每一位酒店员工不仅认识到消防工作的重要性，还能熟练掌握报警程序、疏散程序，熟悉紧急出口和通道，并能正确地使用灭火器材。

（4）发现火警信号或接到火情报告后，要迅速弄清楚火情，并及时派出消防、保卫人员赶到出事地点，同时将火警报告给上级。

（二）制定消防安全措施

1.酒店应制定消防安全告示。

客人一入住酒店，就应当告知客人防火安全知识和火灾逃生的方法。酒店在“入住须知”上除应写明酒店的服务设施和项目外，还应注明防火注意事项，印出酒店的简图，并标明酒店的紧急出口。

客房的消防安全告示，还应该向入住酒店的客人指出哪些行为是造成火灾的原因，如要求客人不要在床上吸烟，不违章使用客房内的电器。发现火灾迹象，要及时拉响火灾警报，或者向本楼层的服务人员报告。

酒店应在重要出口标明火灾疏通通道，还应在酒店的客房告知有关消防疏散应注意的问题；客房应放有酒店的“火灾紧急疏散示意图”，在图上标明本房的位置及最近的疏散线路。

2.火灾报警程序。

酒店一旦发生火灾，应先报警，把火灾的信息传给酒店的消防中心、酒店的值班负责人和需要疏散的客人。有关人员接到火灾报警后，应当立即抵达现场，组织扑救工作，并视火情决定是否报告公安消防部门。若火情较小，酒店可组织酒店内部的消防人员进行扑灭；若火情较大，就一定要通知当地的公安消防部门，以免酿成重大的火灾事故。同时，当酒店发生火灾或发出火灾警报时，要求店内的所有员工坚守岗位，保持冷静，按照酒店消防指挥部的要求去做。

3.确定火灾发生时各部门应采取的行动。

酒店应按照本酒店的布局和规模设计出一套方案，一旦酒店发生火灾时，各部门才能临危不乱，井然有序。各部门的员工应服从统一指挥，切不可造成更大的混乱，具体如下表所示。

各部门采取行动（确定火灾发生时）

序号	类别	行动	备注
1	消防管理委员会	领导小组要迅速弄清火灾发生的地点、火势的大小，做好人员的安排和调配，同时指挥各部门的工作。一方面，组织人员奔赴火灾现场进行灭火工作；另一方面，随时注意火情的发展，决定是否通知客人疏散，是否向当地的公安消防机关报告	

（续表）

序号	类别	行动	备注
2	消防中心	迅速组织及担负起消防工作。消防中心人员在接到火灾警报后，应立即准备好消防工具，穿好消防服，集中待命或赶往火灾现场，疏散火灾现场人员	
3	保安部	酒店保安部人员应协助做好消防工作。除坚守岗位，做好本职工作外，还要协助维持现场秩序，使客人和其他员工保持冷静，组织好人员的疏散工作。同时，应注意有无不法分子乘机捣乱，或浑水摸鱼、趁火打劫	
4	客房部	客房部工作人员在听到火灾警报后，应当立即查看火灾是否发生在本楼层。如火警发生在本楼层，则应立即通知各房客人，使其保持冷静，有序地组织客人从安全通道疏散；如火警不是在本楼层，则应随时做好疏散的准备工作，检查所有的安全门及安全通道是否畅通	
5	医务人员	医务人员应迅速做好人员抢救准备工作，备好急救的药品和抢救器材，及时护理受伤人员并送往医院进行抢救，这样可以防止人员伤亡的扩大化	
6	前台服务员	停止使用电梯，把大厅所有的通道打开，协助维持好大厅的秩序。各岗位的人员要坚守岗位，把本部门的重要资料保管好，接到疏散命令时把这些资料带出去	
7	财务部门	整理好现款、票据等重要资料，随时准备转移到安全的地方	

4.火灾疏散时注意事项。

（1）火灾发生后，首先应明确分工。

楼层的服务人员应负责引导客人走最近的安全通道，千万不能使用电梯，要教会客人使用湿毛巾等掩住口鼻，保持冷静，向安全区疏散。对于行动不便的客人要加以照顾，并检查是否有人留在火场，是否需要抢救。

（2）指导自救，注意安全。

清除路障，保证疏散楼梯的畅通，在疏散线路上设立岗哨，向疏散人员指明方向，或通过广播器材等引导被疏散或被困人员撤离危险区。对火灾区的客人要做好安抚工作，以免发生混乱场面，阻塞逃生通道，或发生客人争先恐后、推挤践踏的情况，造成人员伤亡。

（3）注意防烟和防爆。

在火灾的初期，要采取措施降低烟气的毒性，采取防烟、排烟措施，防止烟气的扩散。

启动酒店楼层的排烟送风设施，打开疏散楼梯的自然通风窗。火灾发生时，应迅速把易燃易爆物品转移出去，对受火势威胁的石油产品储存罐要用水降温，防止出现液化气爆炸，加重火势。在扑救火灾现场时，要保持正确的射流方法，以防易燃物品产生轰燃现象。

（4）保障通信联络及后勤供应。

火灾发生时，行政后勤部门应坚守岗位，做好水电的供应，保证灭火器材的使用，积极协助救援单位，提供支援项目和器材供应；保障大楼内的电话畅通，使着火层与消防控制中心保持联络。

步骤四　实操管理流程

流程一：消防报警流程

流程名称	消防报警流程
所属部门	保安部
流程图	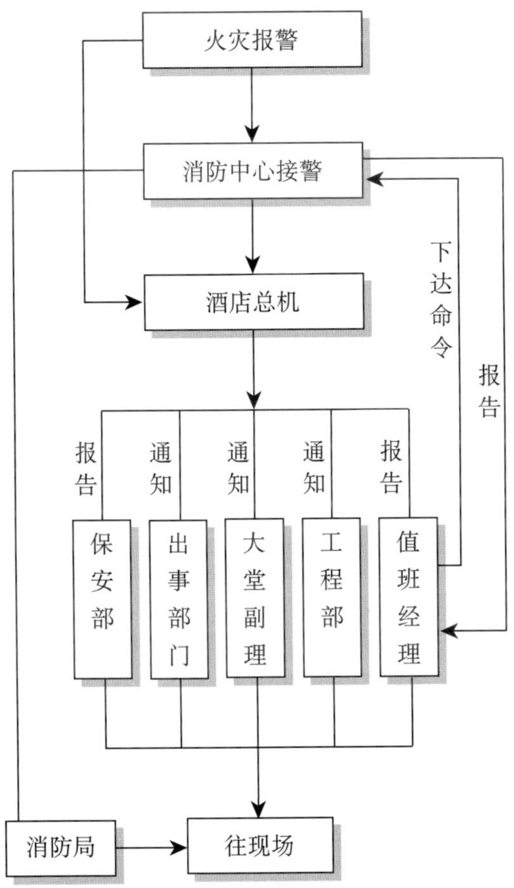
备注	

流程二：保安部灭火应急流程

流程名称	保安部灭火应急流程
所属部门	保安部
流程图	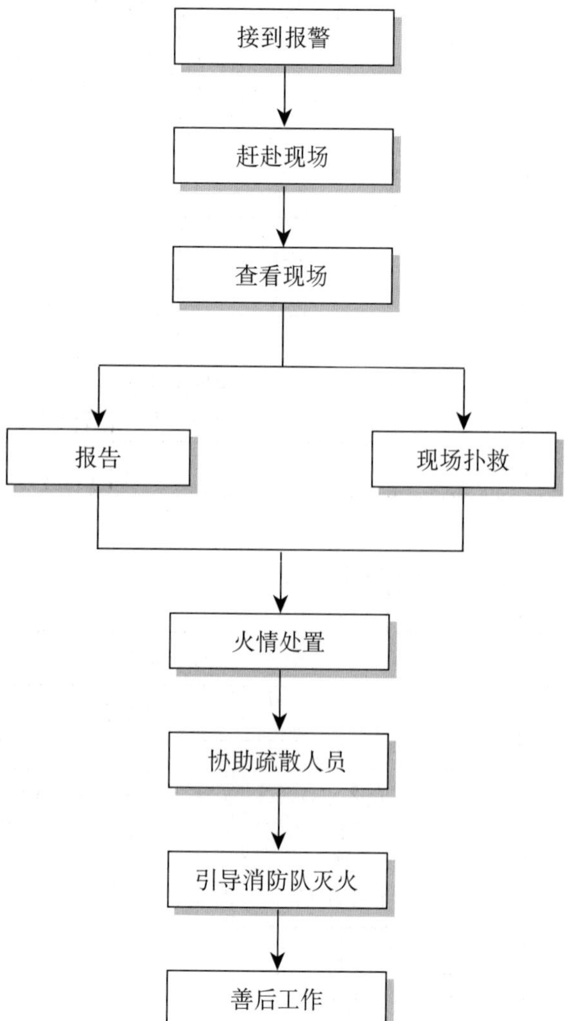
备注	

流程三：治安管理流程

流程名称	治安管理流程
所属部门	保安部
流程图	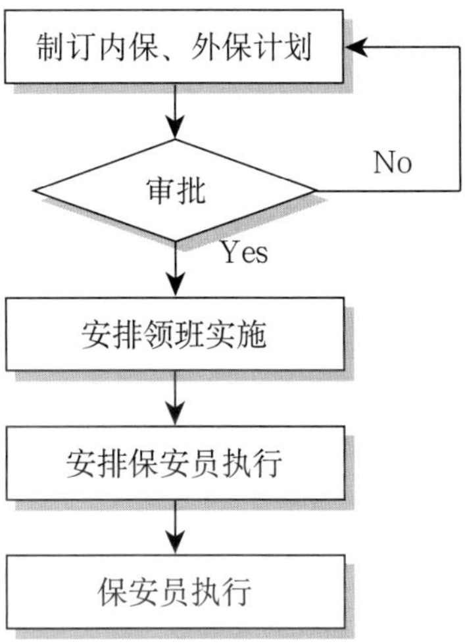
备注	

流程四：外来车辆管理流程

流程名称	外来车辆管理流程
所属部门	保安部
流程图	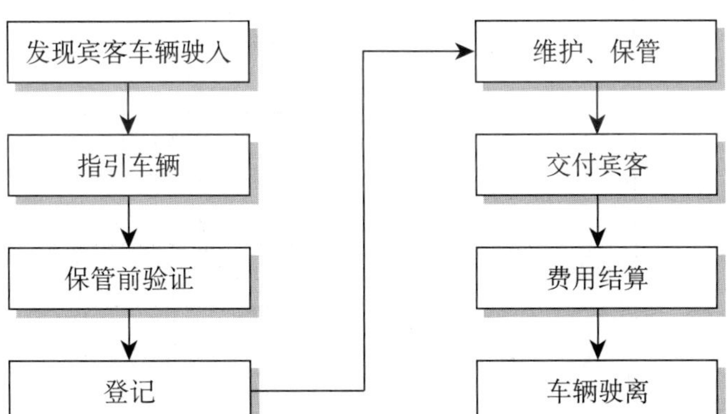
备注	

步骤五　实操管理制度

制度一：住客丢失财物处理规定

<table>
<tr><td colspan="2">公司标准文件</td><td rowspan="2">住客丢失财物处理规定</td><td>文件编号</td><td></td></tr>
<tr><td>版本</td><td>A / 0</td><td>页　次</td><td></td></tr>
</table>

1. 目的

为规范酒店对住客丢失财物的处理程序与要点，特制定本规定。

2. 适用范围

本规定适用于酒店住客丢失财物处理。

3. 管理内容

3.1 接到报案

保安部接到报案后，由保安部经理派人或由保安主管（夜间）迅速赶到大堂副理处。

3.1.1 携带好访问记录本、照相机、手电筒、手套等所需用具。

3.1.2 认真听取失主对丢失财物过程各个细节的说明，详细询问丢失物品的特征。

3.1.3 通知有关部门、岗位的领导以及与丢失事件有关的人员。

3.1.4 失主明确要求向公安机关报案或丢失财物数额价值较大时，保安部要立即报告公安机关，同时保护好现场，即在公安人员到来之前，现场不许任何人进出，不许移动拿走或放入任何物品。发生在公共场所的，要划出保护区域进行控制。

3.2 赶赴现场

失主不要求报公安机关或公安机关未到现场时，保安部随同失主和客房主管迅速赶赴现场。

3.2.1 到达现场后，首先查看现场是否遭到破坏；如现场完好，立即进行拍照。

3.2.2 认真听取失主对现场情况的陈述，查看失主物品被翻动的情况，注意现场有无犯罪分子遗留或抛弃的物品，以及可能留下指纹的纸张、杯子、皮夹等。如有，要戴好手套或用干净的软纸小心提取，然后放入干净的塑料袋或纸盒以备技术鉴定用。

3.2.3 如需提取失主物品作鉴定，必须征得失主同意。

3.3 做好询问笔录

首先查验失主证照，并详细记录以下情况：

3.3.1 失主的姓名、年龄、性别、国籍、职务、来访目的，来店、离店日期和具体时间，去向等。

3.3.2 丢失物品的准确时间，最后见到所失物品的时间。

3.3.3 丢失物品的准确地点、位置。

3.3.4 丢失物品的名称、种类、型号、数量、特征、新旧程度、特殊标记、有无投保险等。

3.3.5 丢失前是否有人到过房间。诸如亲朋探望、打扫房间、工程维修和洗、送衣物等情况。失主有无怀疑的具体对象、怀疑的根据等。

3.3.6 失主有何要求。例如开具失物证明或要求酒店赔偿。

3.4 现场检查

对现场进行仔细检查；还可委婉地征得失主的同意后对其箱、包等行李进行查找。楼道里的服务车和有关部位也要检查。

3.5 进行调查和处理

3.5.1 对案件涉及人员进行谈话，调查了解案发时接触现场的所有人员，谁先进入、谁先离开等情况。接触现场的时间、工作程序、所处的位置、现场状态的回忆等情况。

3.5.2 找物品丢失时的当班服务员逐一谈话。涉及两人以上的要分别谈话并注意保密，以防串供或订立攻守同盟。

3.5.3 通过调查排列出的重点嫌疑人员，要尽快取证，做到情节清楚、准确无误。

3.5.4 调查处理时，要摆事实、讲道理、重证据。

3.5.5 拿出处理意见，经领导批准后执行。

拟定		审核		审批	

制度二：酒店会客登记制度

公司标准文件		酒店会客登记制度	文件编号	
版本	A / 0		页　次	

1. 目的

为规范酒店会客工作，提高酒店安全系数，特制定本制度。

2. 适用范围

本制度适用于酒店会客管理。

3. 管理内容

3.1 凡来店会客者，均应主动出示证件，说明要会见客人的姓名、部门，并填写会客登记单。

（续表）

<table>
<tr><td colspan="6">3.2 岗位值班人员要认真负责地查验证件，并要求会客者填写会客登记单；经核实后，主动指引会客者到会见地点。
3.3 员工在上班期间一律不得会客，值班人员应礼貌地向会客者进行解释，劝其离去。如会客者有要事须会见员工，值班人员应主动帮助进行联系，由会见员工进行接待。
3.4 来店会客者如与酒店有预约，可通过电话联系有关领导，经同意后，填写会客登记单，值班人员应礼貌地向会客者说明“请接见者在签名处签字，会见后将会客单交于会客登记处”。
3.5 来店会客者会见住客应问清姓名、会见何人及事由，经电话与住客联系得到允许后，方可带到会客者指定地点或楼层，并通知楼层服务员加强监控；否则，未经住客允许，一律不得让来访者进入楼层。
3.6 外来推销人员如没有与酒店预约，一般不予接待；如是酒店急需物品，可主动与有关供应部门联系，经回复后，填写会客登记单在约定地点会见。
3.7 会客完毕后，值班人员主动收回会客单，看是否有接见人签字；如没有签字，应礼貌地向会客者解释，让其返回签字，并特别留意离店客人所携带物品，防止酒店物品丢失。
3.8 值班人员应严禁精神病者进入酒店，并严防不法分子、图谋报复者混入酒店。
3.9 晚上 21：30 以后来店会客者恕不接待。</td></tr>
<tr><td>拟定</td><td></td><td>审核</td><td></td><td>审批</td><td></td></tr>
</table>

步骤六 实操管理表格

表格一：巡逻检查到岗记录表

巡逻检查到岗记录表

年度： 月份： 岗位名称：

	日班值班时间（7：30～17：30）						夜班值班时间（17：30～次日7：30）					
日期	值班及检查人员签到						值班及检查人员签到					
	时间	签字	时间	签字	时间	签字	时间	签字	时间	签字	时间	签字

表格二：夜间安全巡查记录表

夜间安全巡查记录表

年 月 日 本班第 次

楼层	巡查部位	巡查时间	巡查记录

制表人： 保安员（巡查人）：

表格三：酒店危险物品管理登记表

酒店危险物品管理登记表

携物人姓名		部门房号	
危险物品名称		数量	
包装形式		使用形式	
使用地点		储存地点	
理化特性			
防护措施		影响范围	
滞留时间	自　年　月　日　始 至　年　月　日　止	使用时间	
负责人意见		保安部意见	

表格四：治安隐患记录表

治安隐患记录表

受检查部门		日期	
检查人员		时间	
经检查，上述部门存在下列问题：			
部门领导批示： 签字：　　年　月　日			
处理结果： 签字：　　年　月　日			

步骤七 酒店应急预案

酒店应急预案，是指为了保障酒店管理人员在执行各种服务过程中，能够快速有效地应对各种突发案件、事件、事故和其他紧急情况而制定的方案。

第一项：应急预案内容

酒店安全应急预案要全面地考虑不同情况的特定条件下，可能发生的各种案件、事件、事故和其他紧急情况。具体来说，一般应急预案包括内容，具体如下表所示。

应急预案内容

序号	类别	具体内容	备注
1	任务目的	应急预案是一种实践性、应用性和操作性都很强的实战型预案，必须有明确具体的任务或目的	
2	指导思想	（1）确保酒店各项活动安全进行 （2）强调快速、有效的原则，但不能光有速度没有效率，也不能太慢 （3）对任何紧急情况的处置都属于初期处置，要由警方进行最终处置	
3	处置范围	（1）可能遇到的一切紧急情况 （2）应对自然灾害的预案 （3）确定一些重点应对的紧急情况	
4	组织指挥与分工	应急处置中的组织指挥与分工，应根据高度统一、分层组织实施的原则，建立应急指挥部，任务分工是从纵向与横向两方面展开的	
5	应急措施	（1）核实情况，迅速报警 （2）封锁现场	

（续表）

序号	类别	具体内容	备注
5	应急措施	（3）控制现场，划定警戒范围并担任警戒 （4）采取灭火、防爆、防毒等初期处置措施 （5）通过宣传、疏导等方法有序疏散无关人员 （6）保全证据和留置有关人员 （7）向警方汇报现场工作情况 （8）抓获扭送有违法或犯罪嫌疑的人员 （9）抢救现场伤者，报告紧急救护中心 （10）搜索、发现可疑的人员和物品 （11）向到达现场的警方人员介绍情况、提供线索 （12）为进行现场处置的警方人员提供各种帮助	
6	注意事项	（1）依法处置 （2）高度负责，分工协作 （3）严格遵守请示、报告、续报等制度 （4）服从命令，听从指挥 （5）保护客人的合法权益，不要因为应急处置而侵犯客人的合法权益	

第二项：编制应急预案要素

（一）方针与原则

不管是哪种应急救援体系，都必须有明确的方针和原则作为开展应急救援工作的纲领。方针与原则反映了应急救援工作的优先方向、政策、范围和总体目标，应急的策划和准备、应急策略的制定和现场应急救援及恢复，都应当围绕方针和原则开展。

（二）应急策划

在制定应急预案时，必须明确预案的对象和可用的应急资源情况，即在全面系统地认识和评价所针对的潜在事故类型的基础上，识别出重要的潜在事故及其性质、区域、分布及事故后果。

（三）应急准备

对于发生可能性较大的应急事件，应做好充分的准备工作。能否成功地在应急救援中发挥作用，取决于应急准备是否充分。应急准备基于应急策划的部署，明确所需的应急组织及其职责权限、应急队伍的建设和人员培训、应急物资的准备、预案的演习、公众的应急知识培训和签订必要的互助协议等。

（四）应急响应

酒店应急响应能力的体现，包括需要明确并实施在应急救援过程中的核心功能和任务。这些核心功能既相应独立，又互相联系，构成应急响应的有机整体，共同达到应急救援目的。

应急响应的核心功能和任务包括：接警与通知、指挥与控制、报警和紧急公告、通信、事态监测与评估、警戒与治安、人群疏散与安置、医疗与卫生、公共关系、应急人员安全、消防和抢险、泄漏物控制等。

（五）现场恢复

现场恢复是事故发生后期的处理，如：泄漏物的污染处理、伤员的救助、后期的保险索赔和生产秩序的恢复等一系列问题。

（六）预案管理与评审改进

应急预案管理与评审改进强调在事故后（或演练后）对预案不符合和不适宜的部分进行不断的修改和完善，使其更加适宜于现实应急工作的需要。但预案的修改和更新，要有一定的程序和相关评审指标。

第三项：应急预案的培训和演练

（一）演练类型

（1）桌面推演，是指由应急组织的代表或关键岗位人员参加的，按照应急预案及其标准工作程序，讨论发生紧急情况时应采取行动的演练活动。

（2）功能演练，是指针对某项应急响应功能或其中某些应急行动举行的演练活动，主要是针对应急响应功能，检验应急人员以及应急体系的策划和响应能力。

（3）全面演练，是指针对应急预案中全部或大部分应急功能进行检验、评价组织应急运行能力的演练活动。

（二）选取演练方法考虑因素

（1）应急预案和响应程序制定工作的进展情况。

（2）面临风险的性质和大小。

（3）现有应急响应的能力。

（4）应急演练的成本及资金筹措状况。

（5）有关政府部门对应急演练工作的态度。

（6）应急组织投入的资源状况。

（7）国家及地方政府部门颁布的有关应急演练的规定。

（三）演练的参演人员

演练的参演人员，具体如下表所示。

演练的参演人员

序号	类别	具体内容	具体任务
1	参演人员	承担具体任务，对演练情景或模拟事件作出真实情景响应行动的人员	（1）救助伤员或被困人员 （2）保护财产或公众健康 （3）使用并管理各类应急资源 （4）与其他应急人员协同处理重大事故或紧急事件
2	控制人员	控制演练时间进度的人员	（1）确保演练项目得到充分进行，以利评价 （2）确保演练任务量和挑战性 （3）确保演练进度 （5）解答参演人员的疑难和问题 （6）保障演练过程的安全
3	模拟人员	扮演、代替某些应急组织和服务部门，或模拟紧急事件、事态发展中受影响的人员	（1）扮演、替代与应急指挥中心、现场应急指挥相互作用的机构或服务部门 （2）模拟事故的发生过程（如释放烟雾、模拟气象条件、模拟泄漏等） （3）模拟受害或受影响人员

（续表）

序号	类别	具体内容	具体任务
4	评价人员	负责观察演练进展情况并予以记录的人员	（1）观察参演人员的应急行动，并记录观察结果 （2）协助控制参演人员以确保演练计划的进行
5	观摩人员	来自有关部门、外部机构以及旁观演练过程的观众	

管理常识：

在进行演练时，一定要告知酒店所有人员，包括员工和客人，以免造成不知晓而影响客人的正常生活。

以下提供几个酒店应急预案范例，仅供参考。

【范例01】

酒店食物中毒应急预案

根据卫生部门有关食品卫生安全的会议精神，为确保在发生意外安全事故时将损失减少到最小，我单位特制定以下关于食物中毒的应急处置预案：

一、食物中毒应急处置组织机构：

领导小组：

组　　长：×××

副 组 长：×××　×××

成　　员：×××　×××　×××　×××

下设处置办公室

主　　任：×××

成　　员：×××　×××

二、此预案在发生食物中毒事件时马上启动。

三、应急处置步骤：

1.酒店任何一名员工均有责任报告食物中毒事件，一发现有食物中毒现象，应马上向应急处置办公室报告。

2.办公室人员在接到报告后立即赶赴现场，并通知相关成员到场协助处理。

3.以下各步骤同时进行：

（1）及时与急救中心或医院联系，讲清楚地点、中毒人数、中毒程度、症状等，由相关人员陪同就医。

（2）由餐饮部负责查找毒源，各部门应全力配合，保护现场、保留样品。病人吃剩的食物不要急于倒掉，食品用工具、容器、餐具等不要急于冲洗，病人的排泄物要保留，以便卫生部门采样检验，为确定食物中毒提供可靠的依据。

（3）由副组长负责将现场情况向酒店领导报告、请示。

（4）由办公室主任指挥各部门经理做好人员的稳定工作。

（5）如实反映情况。酒店负责人及与本次中毒有关人员，如厨房工作人员、分管经理及病人等应如实反映本次中毒情况。将病人所吃的食物，进餐总人数，同时进餐而未发病者所吃的食物，病人中毒的主要特点，可疑食物的来源、质量、存放条件、加工烹调的方法和加热的温度、时间等情况如实向有关部门反映。

（6）做好中毒人员的善后处理工作。

（7）对中毒食物的处理：在查明情况之前对可疑食物应立即停止食用。在卫生部门已查明情况，确定了食物中毒，即可对于引起中毒的食物及时进行处理。

【范例02】

酒店空气传播性疾病应急预案

为了保障住店客人的安全，预防空气传播性疾病在公共场所的传播，保障公众健康，依据《中华人民共和国传染病防治法》、《公共场所卫生管理条例》和《突发公共卫生事件应急条例》，特制定本预案。

一、预防空气传播性疾病领导小组

组　长：×××

组　员：×××　×××　×××　×××

二、启动条件

当空气传播性疾病在本地区暴发流行时，酒店将在第一时间按照卫生行政部门的要求启动预防空气传播性疾病的应急预案。

三、实施办法

1.及时关闭所涉及区域的集中空调通风系统，并按照疾病预防控制机构的要求，对公共场所及其集中空调通风系统进行消毒处理。

2.对有疑似症状的员工进行集中隔离,并安排休息；有类似症状的客人出现立即隔离治疗。

3.加强环境消毒，每天对全酒店的设施设备、地面、空气进行消毒。

4.空调系统采用全新风方式运行，各房间每日开窗通风不少于两次，每次半小时，确保各房间独立通风。

5.每周对过滤网、过滤器、净化器、风口、表冷器、加热（湿）器、冷凝水盘等进行清洗、消毒或者更换。空调系统的冷凝水和冷却水以及更换下来的部件在处置前应进行消毒处理。

【范例03】

酒店抢劫案件应急预案

一、突发事件应急处理小组

组长：总经理

副组长：副总经理、保安部经理

成员：客房部经理、办公室主任、财务部经理、工程部经理

发生突发事件，在处理小组成员到达之前，由总值班员负责处理。

二、应急措施

（1）当酒店发生抢劫案件时，如劫匪持有武器（指枪械），在场员工应避免与匪徒发生正面冲突，保持镇静，并观察匪徒的面貌、身形、衣着、发型及口音等特征。如劫匪未持有武器且有足够人手可以制服匪徒时，则等待适当机会将之擒获交与警方，但决不可草率从事，以免造成不必要的伤亡。如监控中心工作人员发现酒店内发生劫案，应立即告知部门经理或总值班员，并按指示向110报警。

（2）如劫匪乘车逃离现场，应记下其车牌号码、颜色、车款或牌子等，并记清人数。同时可以乘的士或其他交通工具跟踪并向110报告方位和地点，以便警方组织力量设卡拦截。在跟踪的过程中要注意隐蔽，以确保自身安全。

（3）保护好现场。劫匪遗留的凶器、作案工具等不要用手触摸。画出警戒范围，不要让无关人员进入现场。

（4）如现场在交通要道、公共场所等人多拥挤处无法将劫匪留下的证物留在原处的，应一一收拾起来用塑料袋装好，交给警方处理。

（5）访问目击群众，收集发生劫案的情况，提供给公安机关。同时，公安人员未勘查现场或未处理完毕之前，相关人员不得离开。

（6）在场人员不可向新闻媒体或无关人员透露任何消息，不准拍摄照片。

（7）如有伤者，要立即送往医院救治，并报告公安机关。

【范例04】

酒店绑架人质案件应急预案

一、突发事件应急处理小组

组长：总经理

副组长：副总经理、保安部经理

成员：客房部经理、办公室主任、财务部经理、工程部经理

发生突发事件，在处理小组成员到达之前，由总值班员负责处理。

二、应急措施

（1）当酒店客房发生人质绑架案件时，楼层服务人员应立即向部门经理、总值班员和保安部报告。

（2）接报后应急处理小组可在事发楼层设立指挥部，并在第一时间报警。

（3）在警方到达之前应封锁消息，严禁向无关人员透露现场情况，以免引起客人惊慌和群众围观，导致劫匪铤而走险，危害人质安全。

（4）尽量满足劫匪的一些合理要求,如送水、送食物，以稳定劫匪的情绪。

（5）保安、工程人员在附近待命，以便配合公安人员的行动，并画出警戒范围。同时疏散劫匪所在房间附近的客人，以防劫匪带有爆炸危险物品。

（6）及时收集、准备好客房的登记入住、监控录像、工程图纸等资料，提供给警方。

【范例05】

酒店斗殴案件应急预案

一、突发事件应急处理小组

组长：总经理

副组长：副总经理、保安部经理

成员：客房部经理、办公室主任、财务部经理、工程部经理

发生突发事件，在处理小组成员到达之前，由总值班员负责处理。

二、应急措施

（1）当酒店内发生斗殴事件时，应立即制止劝阻及劝散围观人群。

（2）如双方不听制止，事态继续发展，场面难以控制时，应迅速报告公安机关及通知酒店相关部门人员。保安员应迅速到场戒备，防止损坏酒店物品。

（3）如酒店物品有损坏，则应将斗殴者截留，要求赔偿。如有伤者，则

予以急救后交警方处理。现场须保持原状以便警方勘查，并协助警方辩认滋事者。

（4）如斗殴者乘车逃离，应记下车牌号码、颜色、车型及人数等特征。

（5）协助警方勘查打斗现场，收缴各种打架斗殴工具。

【范例06】

酒店台风应急预案

一、突发事件应急处理小组

组长：总经理

副组长：副总经理、保安部经理

成员：客房部经理、办公室主任、财务部经理、工程部经理

发生突发事件，在处理小组成员到达之前，由总值班员负责处理。

二、应急措施

（1）各工作岗位人员应坚守岗位，未经允许或接替决不可离岗。

（2）工程部应对天棚、墙外装饰、招牌等进行检查，必要时给予加固。应做好电力设备的保障工作，防止因台风引起线路故障或电击伤人事故。要确保下水道畅通，避免引致水浸。

（3）保安员要留意和指导车辆停放，避免被吹落物砸坏。同时要加强警戒，防止坏人趁机作案。

【范例07】

酒店发生爆炸物（恐吓电话）应急预案

一、突发事件应急处理小组

组长：总经理

副组长：副总经理、保安部经理

成员：客房部经理、办公室主任、财务部经理、工程部经理

发生突发事件，在处理小组成员到达之前，由总值班员负责处理。

二、应急措施

（一）接炸弹恐吓电话

（1）任何人接到炸弹威胁电话，都应听清来电者的每一个字、噪音及其背景声音，以猜测来电者的位置。

（2）假装听不清电话、拖延来电者占线时间以尽量获得更多信息，并作详细记录。

（3）如来电者同意，可将电话转给总经理或总值班员。同时通知保安迅速采取行动。

（4）如果来电说完就挂断电话，则立即通知总值班员或相关人员，以便采取进一步行动和对策。如有录音设备，要及时对通话进行录音。

（二）接到电话后处理

（1）对电话内容绝对保密，并立即通知总经理、总值班员。

（2）总经理、总值班员接警后应及时向公安机关报告，并召集应急处理小组人员进行磋商。

（3）应急处理小组应对事件进行评估，并决定是否需要组织人员对炸弹进行搜索。

（4）通知警方，为了避免人群聚集及防止肇事者在公共场所散布不满和制造恐慌，须迅速派出便衣保安人员到公共场所戒备，同时派出穿制服的保安员进行外围警戒。

（5）警方到达现场并开展搜查时，保安部应通知相关部门经理，以配合警方行动。

（三）对炸弹搜索

原则上不允许员工参与对炸弹搜索的行动，但如果员工自愿并在确定风险系数后，可使用相关工具按有关程序进行搜索。

（1）应急处理小组或保安部经理负责指导正当的搜索行动。

（2）搜索者在未经确定前不得接触或弄乱任何有可能容纳爆炸装置的包裹、箱子或其他物体。

（3）如发现情况，应及时报告应急小组或保安部经理。保安部经理接报

后须通知警方，并派出保安员对炸弹或可疑物体的区域进行隔离警戒。

（4）在警方到达现场对可疑物品进行检测和解爆时，应疏散附近无关人员并通知各相关部门经理，以配合警方工作和确保人员生命财产安全。

（四）事件处理中与有关部门的工作

（1）应急小组应密切关注事态的发展，谨慎回答客人的疑问。

（2）妥善处理客人对炸弹威胁的恐慌。

（3）配合公安机关进行有关调查，并与有关人员保持密切联系。

（4）如有客人要求与某位权威人士通话，话务员可将电话转给应急处理小组成员。

（5）酒店情况发生任何变化，话务员须将应急处理小组的指示及时通知各部门经理。

（6）保安部负责派出人员到危险区附近的入口进行警戒，严禁无关人员进入。

（7）防止肇事者在公共场所散布不满和制造恐慌。

（8）如警方到达后，警戒人员应指引他们从后方区域到达事发现场。保安人员须保持警惕直到紧急情况结束。

（9）如发生意外有人员受伤时，办公室负责组织人员抢救和疏散。

（10）如事件现场涉及电器和机械设备，工程部须配合警方工作。

【范例08】

酒店停水应急预案

一、计划停水

（1）工程部向停水通知单位问明停水的原因、日期、时间和恢复时间，负责在恢复供水后通知相关部门。

（2）各部门主要是餐饮部和客房部根据停水时间和时间长短提前蓄水。

（3）公关部准备客信发至客房部，由客房部安排摆放至房间。

（4）客房部服务中心和大堂副理须按客信上的停水原因和时间长短做好对客的解释工作，同时前台接待负责对预抵的客人做好提示工作。

（5）对于住店客人如停水时间较长，可联系附近的洗浴中心解决客人的洗浴问题。

（6）供水恢复后记录停水前后的全过程及相关费用和损失备案。

二、临时停水

（1）发现停水即通知工程部，由工程部负责对事故原因进行排查，并确定恢复供水的时间。

（2）检查酒店是否为全店停水，如部分停水，可在未停水楼层打水供客人使用。

（3）如为全店停水，立即通知前厅部前台接待、服务中心、大堂副理做好对客的解释工作。

（4）客房部楼层准备足量的矿泉水供客人洗漱。

（5）对于住店客人，可联系附近的洗浴中心解决客人的洗浴问题。

（6）组织员工在长住宿舍接水运至酒店供客人使用。

（7）供水恢复后记录停水前后的全过程及相关费用和损失备案。

（8）工程部须排查隐患，避免此类事件再次发生。

【范例09】

酒店地震应急预案

为确保在破坏性地震发生时，应急工作高效、有序地进行，最大限度的减轻地震给中心造成的灾害，保障中心财产和宾客员工的生命安全，根据《中华人民共和国防震减灾法》结合酒店实际，特制定本预案：

一、地震应急处理领导小组

组长：×××

执行组长：×××

副组长：×××

成员：×××　×××　×××　×××

发生突发事件时在处理小组组长、执行组长或副组长成员到达之前，由总值班员负责处理。

主要职责：负责组织协调、综合处理抗震救灾有关事宜；掌握震情和灾情，随时向上级汇报，向指挥部各工作组通报；筹集、调拨救灾经费和救灾物资；负责处理指挥部的日常事务。

二、各组任务与职责

（一）抢险救灾组

负责人：×××

1.迅速集结人员和器材，抢救被埋压人员。

2.及时运送重伤员和调配救灾物资。

3.震后第一时间迅速关闭、切断输电、燃气、供水系统（应急照明系统除外）和各种明火，防止震后滋生其他灾害。

4.抢修供电、供水、供气等管线和设备，迅速恢复供电、供水、供气。

5.保证通信联络设备的畅通，确保能够随时接受和发布信息。

（二）医疗救护组

负责人：×××

1.准备充足的药品，器械和设备。

2.根据领导小组命令，立即进行现场救护。

3.根据灾情情况，部署救护力量，妥善安置重伤员。

（三）治安保卫组

负责人：×××

1.加强单位内治安巡逻、检查，采取有效措施确保中心安全稳定。

2.检查各部门的安全措施和消防器材的完好、可用情况。

3.地震灾害发生后，做好重点要害部位的安全保卫工作。

4.维护治安，严防各种破坏活动。

5.督促有关部门采取有效的安全防范措施。

6.疏导中心交通。

（四）人员疏散组

负责人：×××

临震应急疏散地点为中心广场草坪区。

1.餐饮部主要负责在中心餐厅就餐宾客以及餐饮部员工的疏散。

2.客房部主要负责在中心入住客房的宾客以及餐饮部员工的疏散。

（1）要告知员工与宾客，地震时第一不能跳楼，第二不能拥挤。

（2）部门经理和主管应组织安排宾客与员工从安全通道下楼，要避免碰撞、拥挤、踩伤。绝对禁止使用电梯。

（3）部门经理和主管在负责指挥宾客和员工疏散过程中，不得擅离岗位。

（4）如楼层较高，建议宾客与员工在卫生间等小开间场所就地避险。

（五）物资供应组

负责人：×××

（1）根据各部门提出的物资计划，负责采购、调拨急需的救灾物资。

（2）接收援助，统筹安排。

（3）为本单位地域的灾民提供食品、饮用水和必要的生活用品。

（4）运送人员、伤员和救灾物资。

（六）宣传组

负责人：×××

（1）宣传普及地震科学知识，增强员工与宾客防震避险、自防自救能力和地震应急应变能力。

（2）负责抗震救灾工作宣传报道，向公众发布震情和灾情信息，安定民心。

（3）收集灾情和救灾资料，编写震情通报；进行震害调查；负责地震伤亡和财产损失统计工作，评估灾情。

三、临震应急反应

接到政府及有关部门关于地震预报后，全中心进入临震应急期。

1.中心地震应急处理领导小组立即召开紧急会议，研究部署应急措施，立即向各工作组传达临震处置意见，并按应急预案落实各项应急措施，准备消防器材。

2.宣传组利用宣传工具，立即开展应急宣传，要特别注意防止和果断平息地震谣传、误传事件，确保中心秩序稳定。

3.各组负责人制定本组应急方案。

四、破坏性地震震后应急对策

1.地震发生后，地震应急处理领导小组成员立即进入第一线，了解震情和灾情，迅速组织实施破坏性地震应急预案，及时将震情、灾情及其发展趋势等信息报告上级，必要时发出紧急支援的请求。启动抗震救灾指挥系统。

2.各工作小组立即进入各自岗位，启动应急预案，完成各自任务。

3.启动各类通信设备，确保通信昼夜畅通，地震应急处理领导小组及办公室，随时与省市人民政府及其有关部门保持密切联系。

4.根据震情灾情安排慰问工作，妥善安置宾客，保障宾客和员工的基本生活和安全，并向受灾人员提供精神及心理方面的帮助。

5.尽快恢复被破坏的建筑、设施和设备，做好服务经营的恢复工作。

6.保卫部门要加强中心的治安管理和安全保卫工作，协助辖区公安部门预防和打击各种违法犯罪活动。

五、奖励和处罚

1.在破坏性地震应急活动中有下列事迹之一者，应予以奖励：

（1）出色完成破坏性应急任务的。

（2）保护酒店财产和抢救人员有功的。

（3）及时排除险情、防止灾害扩大成绩显著的。

（4）及时供应救援物资和工具成绩突出的。

（5）其他有特殊贡献的。

2.在破坏性地震应急活动中有下列行为之一者，应予以处分或处罚：

（1）不听从指挥，不服从命令，拒不承担应急任务的。

（2）临震应急期或震后应急期擅离职守、临阵逃脱的。

（3）阻挠抗震救灾指挥部紧急调用物资、人员或占用场地的。

（4）贪污、挪用、盗窃地震应急工作经费或物资的。

（5）趁机哄抢国家、集体或者公民财产的。

（6）不按照规定和实际情况报告灾情的。

（7）散步谣言扰乱社会次序，影响破坏性应急工作的。

（8）有危害应急救援工作的其他行为。

第七章

酒店服务质量管理

引言：

新标准中对酒店服务质量的评价，更加具有操作性，以此可见服务质量的重要性。酒店为客人提供的服务是一种无形的产品，但是其往往决定酒店的形象。服务质量见诸于所提供的每一个服务环节，必须从前厅、客房、餐厅等方面进行控制与管理。

步骤一　了解国家最新规定

规定一：必备检查项目

新标准对酒店的必备检查项目中，一星、二星、三星级中有服务一项的检查项目，但是对于四星、五星级则是细分为前厅、客房、餐厅、厨房、公共区域等方面。再此，仅列举一星、二星、三星级的检查项目。

必备检查项目（服务）

序号	星级	检查项目	备注
1	一星级	（1）至少 18 小时提供接待、问讯、结账服务 （2）晚间应有保安人员驻店值班 （3）应提供贵重物品保管及小件行李寄存服务 （4）客房、卫生间应每天全面整理一次，隔日或应宾客要求更换床单、被套及枕套，并做到每客必换 （5）客房内应提供热饮用水 （6）应为残障人士提供必要的服务	
2	二星级	（1）应有管理或保安人员 24 小时在岗值班 （2）应 24 小时提供接待、问讯、结账和留言等服务 （3）应提供贵重物品保管及小件行李寄存服务 （4）客房、卫生间应每天全面整理一次，隔日或应宾客要求更换床单、被套及枕套，并做到每客必换 （5）客房内应提供热饮用水 （6）应提供早餐服务 （7）应为残障人士提供必要的服务	

（续表）

序号	星级	检查项目	备注
3	三星级	(1) 应有管理及保安人员 24 小时在岗值班 (2) 应 24 小时提供接待、问讯、结账和留言服务。提供总账单结账服务、信用卡结算服务。应提供客房预订服务 (3) 应设门卫应接及行李服务人员，有专用行李车，应宾客要求提供行李服务。应提供贵重物品保管及小件行李寄存服务，并专设寄存处 (4) 应为宾客办理传真、复印、打字、国际长途电话等商务服务，并代发信件 (5) 应提供代客预订和安排出租车服务 (6) 客房、卫生间应每天全面整理一次，每日或应宾客要求更换床单、被套及枕套，客用品补充齐全 (7) 应提供留言和叫醒服务。可应宾客要求提供洗衣服务 (8) 客房内应 24 小时提供热饮用水，免费提供茶叶或咖啡 (9) 应提供早、中、晚餐服务 (10) 应提供与酒店接待能力相适应的宴会或会议服务 (11) 应为残障人士提供必要的服务	

规定二：运营质量评定

新标准对于酒店运营质量的评定，就是酒店服务质量的评定，具体的前厅、客房、餐饮服务质量的评定，见相关章节。

步骤二　对客服务质量控制

第一项：建立对客服务质量标准

建立对客服务质量标准，具体的标准如下表所示。

对客服务质量标准

序号	类别	具体内容	备注
1	服务工作标准	酒店为保证对客服务质量水平对服务工作所提出的具体要求。服务工作标准不对服务效果作出明确的要求，只对服务工作本身提出具体要求	例如：电话响三声之内接听，三分钟做完入住登记
2	服务程序标准	将服务环节根据时间顺序进行有序排列，既要求做到服务工作的有序性，又要求保证服务内容的完整性	
3	服务效率标准	对客服务中建立服务的时效标准，保证客人得到快捷、有效的服务	例如：有的酒店规定前厅工作人员看到5米内有拿行李的客人，“跑两步”提行李
4	服务设施用品标准	酒店对客人直接使用的各种设施、用品的质量、数量作出严格的规定。设施、用品是酒店服务产品的硬件部分，其使用标准制定的高低直接影响对客服务质量水平的一致性	
5	服务状态标准	酒店针对给客人所创造的环境状态、设施使用保养水平所提出的标准	前厅设施应保持完好无损，室内采用区域照明，并且目的物照明度良好，地毯无灰尘、无霉变等

(续表)

序号	类别	具体内容	备注
6	服务规格标准	酒店对各类客人提供服务所应达到的礼遇标准	
7	服务语言标准	酒店规定的在待客服务过程中所必须使用的标准化语言，使用标准化语言可以提高服务质量，确保服务语言的准确性	
8	服务态度标准	对服务员提供面对面服务时所应表现出的态度和举止礼仪作出的规定	
9	服务技能标准	服务员所应具备的服务素质和应达到的服务操作水平： (1) 各个不同岗位的服务人员应达到的服务等级水平和语言能力 (2) 服务人员所应具有的服务经验和所应掌握的服务知识 (3) 特定岗位上服务人员能够熟练运用的操作技能	
10	服务质量检查和事故处理标准	对前述服务标准的贯彻执行，也是酒店服务质量的必要构成。发生服务质量事故，酒店一方面要有对员工的处罚标准，另一方面也要有事故处理的程序和对客补偿、挽回影响的具体措施	

【范例】

餐饮服务质量标准

一、所有客人看到的必须整洁美观

整洁，即整齐清洁；美观，即给客人一种美的享受。它是餐厅环境、服务气氛的基本要求，是给客人的第一视觉印象。

客人对一个餐厅的印象，往往是从表面开始的，如餐厅的立面、台面、墙面、顶面、地面、脸面等，由此形成对餐厅的初步感觉。

所以必须做到：

（1）注意餐厅的店容店貌，餐厅装修要精致典雅；装饰布置要画龙点睛；物品摆放要整齐有序；餐厅环境要洁净美观；餐厅气氛要井然有序。

（2）必须注意员工的服饰仪表与举止，要求做到端庄、得体和大方。

二、所有提供给客人使用的必须有效

有效是客人对餐厅服务的核心需求。

（1）设施设备的有效。即要求餐厅的功能布局要合理，设施要配套，设备要完好，运行要正常，使用要方便。

（2）餐厅用品的有效。即要求餐厅的用品在数量上要满足客人的需求，在质量上要符合功能性和物有所值的要求，在摆放上要方便客人使用。

（3）服务规程的有效。即要求餐厅服务项目的设置要到位，服务时间的安排要合理，服务程序的设计要科学，服务方式的选择要恰当，服务标准的制定要适度，员工的服务技能要熟练。

三、所有提供给客人使用的必须安全

“安全”，即餐厅所提供的环境、设施、用品及服务必须保证客人人身、财产和心理的安全。

安全是客人的最低层次的需求。要保障客人的安全，则：

（1）要保证设施设备的安全性，如科学安全的装修设计、完善的消防设施、有效的防盗装置、规范的设备安装等。

（2）要保证安全管理的有效性，如科学完善的安全管理制度、有效的安全防范措施等。

（3）要保证服务的安全性，如科学合理的操作规程，人性化的服务方式，尊重客人的隐私，保证客房的私密性等。

四、所有员工对待客人必须亲切礼貌

亲切礼貌是餐厅对客服务态度的基本要求，其主要表现在员工的面部表情、语言表达与行为举止三个方面。

1.面部表情

员工的面部表情，微笑服务始终是最基本的原则。但是仅仅有微笑是不够的，微笑服务要与自身的仪表仪态相统一，同时要对客人有发自内心的热情，辅以柔和、友好、热情、亲切的目光，并在服务中及时与客人沟通，才能笑得自然、笑得自信，客人看起来才能亲切礼貌。

2.服务用语

（1）注意礼貌。

要用尊称语称呼客人；

客人进入时要有迎候语；

客人见面时要有问候语；

提醒客人时要用关照语；

客人召唤时要用应答语；

得到客人的付款、协助或谅解等要有致谢语；

客人向我们致谢时要用回谢语；

由于餐厅条件不足或工作疏忽未满足客人需要或给客人带来麻烦时要有致歉语，要询问客人或要求配合时也要先致歉意；

客人着急或感到为难时要及时安慰；

客人离店时要有告别语。

（2）注意艺术和灵活，只是生硬地搬用礼貌用语，缺乏感情色彩，只会使客人感到生硬，就达不到亲切的服务效果。

（3）注意语言的适时和思想，且做到言之有趣，言之有神。

3.行为举止

行为举止，则主要体现在主动和礼仪上，如主动让道，主动帮助、注重礼节等。要使餐厅的服务真正达到这一标准，关键在于全体员工必须确立积极的服务心态，并做到“三个一致”。即前后台一致、内外一致与上下一致。在亲切礼貌上，无前后台之分、无内部和外部之分，无上司与下属之分，执行的必须是同一标准。

第二项：实行岗位责任制

岗位责任制就是通过一定的规章制度，具体规定酒店每个岗位及人员的职责、权限、作业标准、工作量及协作要求的责任制度。

（一）岗位责任制的基本要求

（1）五定，即定岗、定工作、定人员、定权限、定责任。

（2）五有，即事事有人管、人人有专责、办事有标准、作业有程序、工作有检查。

（3）责权统一。有责有权，是实行岗位责任制的基本条件。

（二）岗位责任制的内容

（1）规定每个岗位的职责范围和具体工作任务。

（2）规定每项工作任务的基本标准要求。

（3）明确因失误造成的损失应承担的责任。

（4）规定为执行职责所必须拥有的权力。

（5）明确与有关工作岗位之间的协作关系及应尽的责任。

（三）岗位责任制的实施

贯彻岗位责任制必须坚持严格的考核和监督制度。考核还要与经济责任制的考核结合起来，重点在对个人的考核。作为管理者，对此必须提高认识，如果没有考核制度就没有科学的根据去监督执行，没有严格的监督，岗位责任制就会流于形式。

第三项：对员工进行培训

（一）培养服务员的服务意识

服务意识是员工应该具备的基本素质之一，同时也是提高服务质量的根本保证。

（二）提高服务员的服务技能

掌握服务技能和操作规程是提高对客服务质量和工作效率的重要保障，服务员必须熟练掌握。可以通过强化训练、组织竞赛等多种手段来提高客房服务员的服务技能。

（三）为客人提供个性化的服务

提供规范化的服务是保证对客服务质量的基本要求，但不应仅仅满足于为客人提供这一类的服务。因为每一位客人都有自己的个性与特色，必须为其提供相应的个性化服务，才能使客人对客房部的服务有更高的满意度。

（四）加强对员工在仪表仪容与礼貌礼节方面的培训

服务员的仪表仪容与礼貌礼节不仅体现员工的个人素质，而且反映酒店员工的精神面貌，是对客服务质量的重要组成部分。

第四项：为日常服务确立时间标准

服务质量是与一定的服务效率相联系的，服务效率是衡量服务质量的重要标准之一，客人所需要的服务，必须在最短的时间内为客人提供，尤其是商务客人，他们惜时如金，时间观念极强。因此，为了提高服务质量，酒店必须为各项日常服务确立时间标准，并以此作为对服务员进行监督和考核的标准。

第五项：各个部门相互协调

要提高酒店服务质量，还必须做好与各个部门的合作与协调。

（一）前厅与其他部门

1.前厅部与客房部。

前厅部与客房部的联系最为密切，很多酒店的前厅部与客房部是合二为一的。

前厅部应将客人的入住信息及时、准确地通知客房部，以便客房服务员及时提供服务，并对入住的客人能够做到“七知三了解”（知道客人的到店时间、人数、国籍、身份、接待单位，客人要求和收费办法；了解客人的宗教信仰和风俗习惯，生活特点和活动日程安排以及离店日期等），从而为客人提供针对性服务。

2.前厅部与工程部。

前厅部负责前厅设施设备的日常保养工作，而工程部则主要负责前厅设备的维修事宜。两个部门之间一定要沟通协调好。

（1）前厅部要及时向维修部提供前厅设备的维修信息，并为维修人员进入前厅进行工作提供方便。

（2）向工程部提供客情预报，以便工程部对前厅进行大修理。

（3）工程部维修时，做好各项配合工作，如维修后前厅的清洁等。

前厅与工程维修部的沟通主要采取填写“维修通知单”的方式，这样做能够提高工作效率，易于落实责任，同时也便于考核。

维修通知单一般包括日期、部门、维修地点、维修项目、报修时间及完成时间等内容。工程部接到维修通知单以后应立即派人查修，并在尽可能短的时间内完成维修任务。

维修通知单一般为一式三联，就前厅部而言，第一联留给前厅管家，第二联送交工程部，第三联交给修理技工。小修应立刻进行，花时间的修理则要封房几小时，甚至几天，修理工作结束后，要通知前厅管家检查验收，并在维修单上签字，如有必要，应立即派人重新打扫前厅。

维修通知单

<table>
<tr><td rowspan="2">安排</td><td>电话</td><td></td><td>日期</td><td>部门</td></tr>
<tr><td>书面</td><td></td><td></td><td></td></tr>
<tr><td rowspan="2">收到</td><td colspan="2">日期</td><td>时间</td><td>文书</td></tr>
<tr><td colspan="2"></td><td></td><td></td></tr>
<tr><td rowspan="2">批准</td><td colspan="2">总经理</td><td>成交商</td><td>工程师</td></tr>
<tr><td colspan="2"></td><td></td><td></td></tr>
<tr><td rowspan="2">负责</td><td colspan="2">工程师</td><td>组长</td><td>小组</td></tr>
<tr><td colspan="2"></td><td></td><td></td></tr>
<tr><td colspan="2">工作地点／设备编号</td><td colspan="3"></td></tr>
<tr><td colspan="2">工作说明</td><td colspan="3">□例行维修　□紧急　□停止　□预防性维修</td></tr>
<tr><td colspan="5">联系人：</td></tr>
<tr><td colspan="5">联系电话：</td></tr>
<tr><td colspan="5">维修预算（财务部）：</td></tr>
</table>

（续表）

<table>
<tr><td rowspan="2">工作开始</td><td>日期</td><td>时间</td><td>执行人</td></tr>
<tr><td></td><td></td><td></td></tr>
<tr><td rowspan="2">工作完成</td><td>日期</td><td>时间</td><td>执行人</td></tr>
<tr><td></td><td></td><td></td></tr>
<tr><td rowspan="2">工作检查</td><td>组长</td><td>所用时间</td><td>发单日期</td></tr>
<tr><td></td><td></td><td></td></tr>
<tr><td rowspan="2">工作接收</td><td>日期</td><td>时间</td><td>接收人</td></tr>
<tr><td></td><td></td><td></td></tr>
<tr><td colspan="4">在背面列出所有使用的零件及材料</td></tr>
</table>

3.前厅部与采购部。

前厅部的一切用品都是由采购部负责采购的。因此，采购部和前厅部之间要相互经常传递信息，确保以最低的价格购入最适合的物品。为此，前厅部应提出采购计划，明确采购物品的规格、质量、数量，经核准后，由采购部负责办理。与采购部沟通主要使用申请订货单。

申请订货单

部门：　　　　　　　　　　　　　　　　　　　　填写日期：

<table>
<tr><td rowspan="2">项目编号</td><td rowspan="2">要求数量</td><td rowspan="2">单位</td><td rowspan="2">物品摘要</td><td rowspan="2">现存数量</td><td colspan="2">上次购买</td><td colspan="3">供应商报价</td><td rowspan="2">购货单</td></tr>
<tr><td>日期</td><td>价格</td><td>A</td><td>B</td><td>C</td></tr>
<tr><td></td><td></td><td></td><td></td><td></td><td></td><td></td><td></td><td></td><td></td><td></td></tr>
<tr><td></td><td></td><td></td><td></td><td></td><td></td><td></td><td></td><td></td><td></td><td></td></tr>
<tr><td></td><td></td><td></td><td></td><td></td><td></td><td></td><td></td><td></td><td></td><td></td></tr>
<tr><td></td><td></td><td></td><td></td><td></td><td></td><td></td><td></td><td></td><td></td><td></td></tr>
<tr><td></td><td></td><td></td><td></td><td></td><td></td><td></td><td></td><td></td><td></td><td></td></tr>
<tr><td></td><td></td><td></td><td></td><td></td><td></td><td></td><td></td><td></td><td></td><td></td></tr>
<tr><td></td><td></td><td></td><td></td><td></td><td></td><td></td><td></td><td></td><td></td><td></td></tr>
</table>

（续表）

采购理由	预算	运费与保险	申购部门主管	日期
		采购方式	成本控制总监	
			采购经理	
		要求送货日期	财务总监	
			总经理	

4.前厅部与财务部。

财务部负责前厅部有关账单核对，并负责前厅部员工薪金的核算与发放工作。前厅部在制定成本预算时，也应得到财务部的协助与认可。

5.前厅部与人力资源部。

前厅部应协调人力资源部做好前厅部员工的招聘、使用与培训工作，只有这样，才能确保和提高前厅服务质量。为此，前厅部应注意以下几方面：

（1）向人力资源部提供人才的需求信息（包括需求数量和要求等）。

（2）向人力资源部提出员工的培训需求（包括培训内容和要求等）。

（3）积极支持和落实人力资源部的各项培训计划。

6.前厅部与保安部。

（1）协助并提供资料，以防止闲杂人员混入酒店。

（2）保安人员要监督员工的行为。如规定员工上下班打卡，要求走员工通道等，另外，前厅部员工应按规定接受保安人员的检查。

（3）协助保安部帮助住客找回失物。如住客在退房时或入住期间发现遗失物品，前厅部应协助保安调查，若丢失的物品数量、价值大，必须向当地公安部门报案。

（4）保安部还须对消防通道的安全、员工工作地点的安全及客人的安全负责。

（5）请保安部对前厅员工进行培训，讲授前厅消防及安全保卫知识。

（6）前厅管理人员要与保安部负责人定期碰面，研究加强前厅保安工作的措施。

7.前厅部与营销部。

客房的销售工作人人有责，尤其是前厅部员工更是如此。因此，前厅部必须协助营销部做好前厅的各项销售工作，包括带客人参观前厅等。但与此同时，营销部也应主动与前厅部做好沟通，否则，会影响前厅部的工作，甚至影响对客服务质量。

（二）客房部与其他部门

1.客房部与前厅部。

客房部与前厅部的联系最为密切，很多酒店的前厅部与客房部是合二为一的。

（1）前厅部应将客人的入住信息及时、准确地通知客房部，以便客房服务员随时掌握房态，并对入住的客人能够做到“七知三了解”（知道客人的到店时间、人数、国籍、身份、接待单位，客人要求和收费办法；了解客人的宗教信仰和风俗习惯，生活特点和活动日程安排以及离店日期等），从而为客人提供针对性服务。

（2）前厅部应将客人的换房、离店等信息及时通知客房部，而客房部则应在客人离店时，及时检查房间，检查有无客人的遗留物品，客房内的设备、用品有无丢失和损坏现象，并将检查结果立即通知前厅部。

（3）客房部应将客房的实际使用状况通知前厅部，以便核对和控制房态。楼层领班应每日按时填写房态表，说明楼层每间客房的使用状态，并交由客房部宾客服务中心汇总，然后交前台。前台接待员拿到这张表后，要用它核对计算机上所显示的房态。核对的内容为客房状态及各房间住客人数。如果计算机上的资料与房态表上的信息不相符，必须立即调查处理。

2.客房部与工程部。

客房部负责客房设施设备的日常保养工作，而工程部则主要负责客房设备的维修事宜。两个部门之间一定要沟通协调好。

（1）客房部要及时向维修部提供客房设备的维修信息，并为维修人员进入客房进行工作提供方便。

（2）向工程部提供客情预报，以便工程部对客房进行大修理。

（3）及时安排封闭房间以便进行保养修理。

（4）工程部维修时，做好各项配合工作，如维修后房间的清洁等。

客房与工程维修部的沟通主要采取填写“维修通知单”的方式，这样做能够提高工作效率，易于落实责任，同时也便于考核。

维修通知单一般包括日期、部门、维修地点、维修项目、报修时间及完成时间等内容。工程部接到维修通知单以后应立即派人查修，并在尽可能短的时间内完成维修任务。

维修通知单一般为一式三联，就客房部而言，第一联留给客房管家，第二联送交工程部，第三联交给修理技工。小修应立刻进行，花时间的修理则要封房几小时，甚至几天，修理工作结束后，要通知客房管家检查验收，并在维修单上签字，如有必要，应立即派人重新打扫客房。

3.客房部与餐饮部。

（1）客房部负责所有餐厅的地面清洁（厨房除外）、餐巾清洗及员工制服更换清洗。如果客房卫生员负责打扫餐厅，则一定会与餐厅服务员发生关系，餐厅人员可能会抱怨客房部员工工作干得不理想，这时客房管理人员就必须与餐饮部管理人员进行协调，解决问题，处理好部门间的相互关系。

（2）协助客房餐饮服务组，收集房间内饮食餐具及餐车。

（3）客房部每日清点房间迷你酒吧的酒水数量，由餐饮部食品仓库提供酒水。

（4）为VIP房提供的水果篮和蛋糕等，由餐饮部负责送上楼层。

4.客房部与采购部。

客房部客房内的一切生活用品和清洁用品，都是由采购部负责采购的。因此，采购部和客房部之间要相互经常传递信息，确保以最低的价格购入最适合的物品。为此，客房部应提出采购计划，明确采购物品的规格、质量、数量，经核准后，由采购部负责办理。与采购部沟通主要使用申请订货单。

5.客房部与财务部。

财务部负责客房部有关账单及存货（如家具、用具、酒水、低值易耗品）的核对，并负责客房部员工薪金的核算与发放工作。客房部在制定房务预算时，也应得到财务部的协助与认可。

6.客房部与人力资源部。

客房部应协调人力资源部做好客房部员工的招聘、使用与培训工作，只有这样，才能确保和提高客房服务质量。

7.客房部与保安部。

（1）协助并提供资料，以防止闲杂人员混入酒店。

（2）保安人员要监督员工的行为。如规定员工上下班打卡，要求走员工通道等，另外，客房部员工应按规定接受保安人员的检查。

（3）协助保安部帮助住客找回失物。如住客在退房时或入住期间发现遗失物品，客房部应协助保安调查，若丢失的物品数量、价值大，必须向当地公安部门报案。

（4）保安部还须对消防通道的安全、员工工作地点的安全及客人的安全负责。

（5）请保安部对客房员工进行培训，讲授客房消防及安全保卫知识。

（6）客房管理人员要与保安部负责人定期碰面，研究加强客房保安工作的措施。

8.客房部与营销部。

客房的销售工作人人有责，尤其是客房部员工更是如此。因此，客房部必须协助营销部做好客房的各项销售工作，包括带客人参观客房等。但与此同时，营销部也应主动与客房部做好沟通，否则，会影响客房部的工作，甚至影响对客服务质量。

第六项：广泛征求客人意见

要提高酒店服务的质量，征求客人的意见是一个十分重要的途径。征求客人意见可以有多种途径，最常用的是：

（一）设置客人意见表

为了及时征求客人对于酒店各项服务的意见，可在前厅设置意见表，而且应落到实处，注意对其进行管理。

对客人意见表的管理应注意以下几点：

（1）客人意见表的设计应简单易填。

（2）统一编号、月底收集汇总，禁止乱撕乱扔，并以此作为考核服务员工作好坏的重要依据。

（3）由于客人意见涉及前厅服务员的工作质量，因此，具有一定的保密性质，为了防止对不利于自己的意见进行“截流”，可将客人意见表设计成自带胶水、可由客人自行密封的折叠式信封状表格。不少酒店已将其设计成折叠式信封状表格，但是，表格并不自带胶水，酒店也不在前厅内为客人提供胶水，使得客人意见失去了保密作用。

当然，为了提高客人意见表的回收率，酒店也可以请求客人直接将意见表交给大堂经理或前厅管理人员。但这样做会给客人带来不便，一般客人不到万不得已，也不会这么做，而一旦到了“万不得已”，客人必须反映意见时，也不会采取填写“客人意见表”的方式，而会直接找前厅管理人员或大堂经理口头投诉。

（二）直接向客人征求意见

前厅部经理可以定期或不定期地拜访客人，了解客人的需求，从而及时发现前厅服务中存在的问题，进一步制订和修改有关计划。

客人意见表

1. 接待 　　　　　满意　一般　不满意 (1) 大堂副理　□　□　□ (2) 接待处　□　□　□ (3) 行李员　□　□　□ (4) 询问处　□　□　□ (5) 电话员　□　□　□ (6) 结账处　□　□　□ 意见：	2. 客户服务 　　　　　满意　一般　不满意 (1) 洁净　□　□　□ (2) 设施　□　□　□ (3) 服务　□　□　□ (4) 洗衣　□　□　□ 意见：
3. 餐厅 　　　　　满意　一般　不满意 (1) 一楼餐厅　□　□　□ (2) 二楼餐厅　□　□　□ (3) 西餐咖啡厅　□　□　□ 意见：	4. 康乐 　　　　　满意　一般　不满意 (1) 游泳池　□　□　□ (2) 卡拉 OK　□　□　□ (3) 桑拿健身　□　□　□ (4) 桌球室　□　□　□ (5) 三楼餐厅　□　□　□ 意见：
5. 阁下订房是通过 (1) 直接向酒店办理　□ (2) 旅行社办理　□ (3) 单位介绍　□ (4) 参加会议　□ (5) 其他途径　□	6. 阁下为何选择本酒店 (1) 以前住过　□ (2) 酒店声誉　□ (3) 他人推荐　□ (4) 广告　□ (5) 其他原因　□

（续表）

7. 对酒店总体评价				8. 阁下对酒店的其他意见和建议
	满意	一般	不满意	
（1）卫生清洁	□	□	□	
（2）服务态度	□	□	□	姓名：
（3）维修保养	□	□	□	房号：
（4）收费标准	□	□	□	入住日期：
（5）总体评价	□	□	□	通信地址：

除了在前厅设置客人意见表以外，为了激励员工为客人提供更加优质的超值服务，还可在前厅放置一张针对服务员的“表扬卡”，对于收到表扬卡的前厅员工，管理人员应以某种特殊的方式给予表扬或奖励，使其成为其他员工学习的榜样。

表扬卡

尊敬的客人：

您好！

感谢您下榻于 ××× 大酒店。我们很想知悉在您逗留本酒店期间，是否得到了超前服务。如果您能抽出时间填写此表扬卡，以帮助我们认可及鼓励为您提供超前服务、令您喜出望外的员工，我们将不胜感激。这对于被您提名表扬的员工有着极其重要的意义，谢谢！

您得到的超前服务是________________________________

为您提供该服务的员工是________提供该服务的日期是________

您的名字是________房间号或联系电话是________

为方便起见，您只需将此卡交给您下榻酒店的任何员工即可，他们会非常乐意为您将卡片投入指定的信箱。

第七项：开展对客服务质量检查

对客服务质量的检查是管理工作的重要环节。它包括工作数量检查、工作质量检查和物品消耗检查三方面的内容。检查工作一般采取服务人员自查、领班专职检查、主管抽查和经理抽查的方式进行。在完成工作定额的前提下，确保服务的质量，降低物资的消耗。

以下以餐厅服务检查为例，进行分析。

（一）中餐厅日常检查

对于中餐厅的检查事项如下表所示：

中餐厅日常检查事项

序号	检查时段	具体检查事项
1	餐前准备工作	（1）餐厅卫生符合日常卫生要求 （2）摆桌符合标准 （3）工作桌整洁，物品准备充足，摆放整齐 （4）灯光照明正常，空调温度符合要求 （5）背景音乐适合就餐气氛，音量适中 （6）花草新鲜，无枯萎 （7）桌料清洁，装瓶符合规定要求 （8）开餐用具，用品（托盘、订单、公用餐具及菜单等）准备充足 （9）员工按规定着装，佩戴铭牌，女服务员化淡妆 （10）员工清楚客情
2	餐中工作情况	（1）员工按服务程序和标准进行对客服务 （2）使用敬语 （3）递送物品使用托盘 （4）接受点菜符合程序 （5）向客人提供建议，进行适时推销 （6）按操作标准斟酒 （7）客人招呼时，能迅速到达餐桌 （8）及时撤换餐具、烟灰缸 （9）结账迅速，准确无误 （10）正确处理客人投诉及突发事件
3	餐后结束工作	（1）查看桌、椅和地面有无客人遗留物品 （2）在客人走后立即重新布置餐桌 （3）按标准程序收桌 （4）及时清理工作桌，补充必备物品 （5）按要求做好卫生工作 （6）关闭水、电开关 （7）做好交接班记录，交接事宜落实到人

（二）酒吧日常检查

对于酒店日常检查事项如下表所示：

酒吧日常检查事项

序号	类别	具体事项	备注
1	检查营业前准备工作	（1）酒水饮料品种齐全，数量充足 （2）服务器具整洁	
2	检查酒吧卫生状况	符合日常卫生要求	
3	检查员工仪表仪容及出勤情况	（1）仪表仪容符合酒店规定要求 （2）员工准时到岗	
4	了解客情预报、重点宾客等信息	（1）当班员工必须了解客情 （2）做好重点宾客接待准备工作	
5	检查酒吧运转情况	（1）要求员工按程序和标准对客服务 （2）正确处理顾客投诉及突发事件	
6	检查酒吧计划卫生情况	符合酒吧卫生标准	
7	检查各班次销售盘点情况	（1）盘点表字迹清楚，无涂改现象 （2）账物数量相符 （3）“盘点记录”应有当班调酒员签字	
8	签署酒水、物资申领单	（1）根据营业情况签领酒水和物资申领单 （2）申领单字迹清楚、规范	
9	检查交接班情况	（1）交接班有记录 （2）交接事宜落实到人	
10	检查酒吧结束扫尾工作	酒吧卫生整洁，安全无事故隐患	

（三）咖啡厅日常检查

1.标准。

（1）必查项目每日不得少于一次。

（2）抽查项目必须有计划地进行，每周不得少于一次。

（3）每次检查结果需有文字记录。

2.检查事项。

咖啡厅日常检查事项，具体如下表所示。

咖啡厅日常检查事项

序号	检查时段	具体检查事项
1	开餐前	(1) 检查客情通知单、预订情况及重要客人通知单等有关事项的落实情况 (2) 检查台面布置及餐厅设施、设备（台面布置、花卉、灯光、背景音乐、空调等） (3) 检查开餐用品是否品种齐全、数量充足（棉织品、桌面调味品、餐具、用具等） (4) 检查备餐间的准备情况（咖啡、茶、包饼） (5) 检查餐厅的卫生状况（地面、墙面、桌子、椅子等） (6) 检查员工的出勤情况和仪表仪容 (7) 检查引座员掌握客情的程度
2	开餐中	(1) 检查服务员执行服务程序的情况 (2) 检查服务员进行餐饮推销的情况 (3) 征求客人对食品、饮品、服务的意见 (4) 检查备餐间内脏餐具的处理情况 (5) 检查咖啡、包饼等的补充情况
3	开餐后	(1) 检查台面的清洁卫生情况 (2) 检查工作柜的清洁整理情况 (3) 检查餐具的回收存放情况 (4) 检查垃圾桶的卫生状况 (5) 检查电器设备电源的切断情况 (6) 检查门窗的关闭上锁情况

第八项：做好原始记录管理

做好原始记录管理，也是控制服务质量的一项有效措施。酒店的原始记录，就是用一定的报表形式和文字说明将客房部在接待服务过程中发生的具体事项进行记录。这种记录具有经常性、广泛性和真实性，对管理人员掌握接待服务情况，提高酒店管理水平有重要作用。

第八章

酒店特色服务管理

引言：

酒店特色服务管理，主要针对的是精品酒店，对于以住宿为主营业务，建筑与装修风格独特，拥有独特客户群体，管理和服务特色鲜明，且业内知名度较高旅游酒店的星级评定，可参照五星级的要求。

步骤一　了解国家最新规定

规定一：精品酒店

由于近年来社会上出现各种冠以“精品酒店”、“精品商务酒店”、“××主题文化酒店”的酒店，其中有不少酒店特色鲜明，深受宾客的喜爱，但由于配套设施不完善，按照过去的星级酒店评定标准来衡量，根本达不到要求。因此在新标准中专门增加了对精品酒店的评定。

精品酒店特点的表现，具体包括以下几点：

（1）主题鲜明，具有独特的氛围和个性魅力。

（2）有着差异化的酒店环境，极具特色，其服务品质为社会广泛认可。

（3）有特殊的客户群体，平均房价连续两年居于省（自治区、直辖市）所在地酒店前列。

（4）服务个性化、定制化、精细化，能够让宾客留下美好的印象。

凡具有以上特点的，在保证以住宿为主营服务业务的前提下，允许酒店直接向全国旅游星级饭店评定委员会申报五星级，地方星评委没有评定和批准精品酒店的资格，也不允许评定相当于其他星级的精品酒店。

规定二：设施设备评分

新标准在设施设备评分表中，专门列出了第八项“特色类别”的评定。此项评定就是专门针对酒店特色服务的，具体如下表所示。

设施设备评分（精品酒店）

<table>
<tr><th>大类</th><th>小类</th><th colspan="2">具体类别</th><th>实际得分</th></tr>
<tr><td rowspan="17">8.1 商务会议型酒店设施(70分）</td><td rowspan="9">8.1.1 行政楼层（14 分）</td><td colspan="2">8.1.1.1 专设接待台，可办理入住、离店手续，并提供问讯、留言等服务（1 分）</td><td></td></tr>
<tr><td colspan="2">8.1.1.2 提供电脑上网、复印、传真等服务（1 分）</td><td></td></tr>
<tr><td colspan="2">8.1.1.3 有小会议室或洽谈室（1 分）</td><td></td></tr>
<tr><td colspan="2">8.1.1.4 有餐饮区域（行政酒廊，提供早餐、欢乐时光、下午茶），面积与行政楼层客房数相匹配，应设置备餐间（4 分）</td><td></td></tr>
<tr><td colspan="2">8.1.1.5 设阅览、休息区域（1 分）</td><td></td></tr>
<tr><td colspan="2">8.1.1.6 可提供管家式服务（2 分）</td><td></td></tr>
<tr><td colspan="2">8.1.1.7 设公共卫生间（1 分）</td><td></td></tr>
<tr><td rowspan="2">8.1.1.8 行政楼层的客房（3 分）</td><td>客用品配置高于普通楼层客房（2 分）</td><td rowspan="2"></td></tr>
<tr><td>附设写字台电话，且有一键式呼叫管家服务按钮（1 分）</td></tr>
<tr><td rowspan="8">8.1.2 大宴会厅或多功能厅(应配有与服务面积相匹配的厨房）(23 分）</td><td rowspan="3">8.1.2.1 面积（面积计算以固定隔断为准，序厅面积达不到要求，减 1 分）(6 分）</td><td>无柱，不小于 800 平方米且序厅不小于 250 平方米(6 分）</td><td rowspan="3"></td></tr>
<tr><td>不小于 500 平方米且序厅不小于 150 平方米（4 分）</td></tr>
<tr><td>不小于 240 平方米且序厅不小于 70 平方米（2 分）</td></tr>
<tr><td rowspan="3">8.1.2.2
净高度（3 分）</td><td>不低于 6 米（3 分）</td><td rowspan="3"></td></tr>
<tr><td>不低于 5 米（2 分）</td></tr>
<tr><td>不低于 3.5 米（1 分）</td></tr>
<tr><td colspan="2">8.1.2.3 设专用入口（1 分）</td><td></td></tr>
<tr><td colspan="2">8.1.2.4 设专用通道（楼梯、自动扶梯等）(1 分）</td><td></td></tr>
</table>

（续表）

<table>
<tr><th>大类</th><th>小类</th><th colspan="2">具体类别</th><th>实际得分</th></tr>
<tr><td rowspan="19">8.1 商务会议型酒店设施(70分)</td><td rowspan="10">8.1.2 大宴会厅或多功能厅(应配有与服务面积相匹配的厨房)（23分）</td><td rowspan="3">8.1.2.5 装修与装饰（4分）</td><td>专业设计、材质高档、工艺精致，氛围协调（4分）</td><td rowspan="3"></td></tr>
<tr><td>材质高档、工艺较好（2分）</td></tr>
<tr><td>材质一般，工艺一般（1分）</td></tr>
<tr><td colspan="2">8.1.2.6 音响效果良好，隔音效果良好（1分）</td><td></td></tr>
<tr><td colspan="2">8.1.2.7 通风良好，温度适宜（1分）</td><td></td></tr>
<tr><td colspan="2">8.1.2.8 配设衣帽间（1分）</td><td></td></tr>
<tr><td rowspan="3">8.1.2.9 灯光（3分）</td><td>专业设计、可营造不同氛围（3分）</td><td rowspan="3"></td></tr>
<tr><td>灯光分区控制，亮度可调节（2分）</td></tr>
<tr><td>灯光分区控制（1分）</td></tr>
<tr><td colspan="2">8.1.2.10 设贵宾休息室，位置合理，并有专用通道进入大宴会厅（2分）</td><td></td></tr>
<tr><td rowspan="9">8.1.3 会议厅(12分)</td><td rowspan="3">8.1.3.1 面积(如有多个会议厅，可以累计得分，但总分不超过8分)（4分）</td><td>不小于400平方米（4分）</td><td rowspan="3"></td></tr>
<tr><td>不小于300平方米（3分）</td></tr>
<tr><td>不小于200平方米（2分）</td></tr>
<tr><td colspan="2">8.1.3.2 有座席固定的会议厅（2分</td><td></td></tr>
<tr><td rowspan="2">8.1.3.3 小会议室（至少容纳8人开会）(3分</td><td>不少于4个（3分）</td><td rowspan="2"></td></tr>
<tr><td>不少于2个（1分）</td></tr>
<tr><td colspan="2">8.1.3.4 通风良好，温度适宜（1分）</td><td></td></tr>
<tr><td colspan="2">8.1.3.5 灯光分区控制，亮度可调节，遮光效果良好（1分）</td><td></td></tr>
<tr><td colspan="2">8.1.3.6 隔音效果良好（1分）</td><td></td></tr>
</table>

（续表）

<table>
<tr><th>大类</th><th>小类</th><th colspan="2">具体类别</th><th>实际得分</th></tr>
<tr><td rowspan="13">8.1 商务会议型酒店设施(70分)</td><td rowspan="4">8.1.4 会议设施（4分）</td><td colspan="2">8.1.4.1 同声传译功能设置（设备可租借）(1分)</td><td></td></tr>
<tr><td colspan="2">8.1.4.2 电视电话会议功能设置（设备可租借）(1分)</td><td></td></tr>
<tr><td colspan="2">8.1.4.3 多媒体演讲系统(电脑、即席发言麦克风、投影仪、屏幕等)(1分)</td><td></td></tr>
<tr><td colspan="2">8.1.4.4 各会议室音响效果良好（1分）</td><td></td></tr>
<tr><td rowspan="2">8.1.5 展览厅(布展面积)(8分)</td><td colspan="2">8.1.5.1 至少5000平方米,层高不低于10米(8分)</td><td></td></tr>
<tr><td colspan="2">8.1.5.2 至少2000平方米,层高不低于7米(4分)</td><td></td></tr>
<tr><td rowspan="7">8.1.6 商务中心（9分）</td><td colspan="2">8.1.6.1 位置合理、方便宾客使用（1分）</td><td></td></tr>
<tr><td colspan="2">8.1.6.2 配备完整的办公设施（包括复印机、打印机、传真机、装订机、手机充电器等），提供秘书服务，报刊杂志（2分）</td><td></td></tr>
<tr><td rowspan="3">8.1.6.3 装修与装饰（3分）</td><td>专业设计，材质高档，工艺精致，与整体氛围协调，与饭店规模与档次匹配（3分）</td><td rowspan="3"></td></tr>
<tr><td>材质较好、工艺较好（2分）</td></tr>
<tr><td>材质一般，工艺一般（1分）</td></tr>
<tr><td colspan="2">8.1.6.4 有洽谈室（或出租式办公室）(2分)</td><td></td></tr>
<tr><td colspan="2">8.1.6.5 有相对独立区域，提供可联结互联网的电脑（1分）</td><td></td></tr>
<tr><td rowspan="4">8.2 休闲度假型酒店设施(65分)</td><td rowspan="2">8.2.1 温泉浴场（5分）</td><td colspan="2">8.2.1.1 自用温泉浴场（饭店同一业主投资经营）(5分)</td><td></td></tr>
<tr><td colspan="2">8.2.1.2 邻近温泉浴场（1千米以内）(2分)</td><td></td></tr>
<tr><td rowspan="2">8.2.2 海滨浴场（5分）</td><td colspan="2">8.2.2.1 自用海滨浴场或有租用5年以上合同(饭店同一业主投资经营)(5分)</td><td></td></tr>
<tr><td colspan="2">8.2.2.2 邻近海滨浴场（1千米以内）(2分)</td><td></td></tr>
</table>

（续表）

<table>
<tr><th>大类</th><th>小类</th><th colspan="2">具体类别</th><th>实际得分</th></tr>
<tr><td rowspan="19">8.2 休闲度假型酒店设施(65分)</td><td rowspan="2">8.2.3 滑雪场（5分）</td><td colspan="2">8.2.3.1 自用滑雪场（饭店同一业主投资经营）（5分）</td><td></td></tr>
<tr><td colspan="2">8.2.3.2 邻近滑雪场（5千米以内）（2分</td><td></td></tr>
<tr><td rowspan="2">8.2.4 高尔夫球场（5分）</td><td colspan="2">8.2.4.118 洞以上的自用高尔夫球场（饭店同一业主投资经营）（5分）</td><td></td></tr>
<tr><td colspan="2">8.2.4.2 邻近18洞以上的高尔夫球场（5千米以内）（2分）</td><td></td></tr>
<tr><td rowspan="2">8.2.5 客房阳台（2分）</td><td colspan="2">8.2.5.1 不少于50%的客房有阳台（2分）</td><td></td></tr>
<tr><td colspan="2">8.2.5.2 不少于30%的客房有阳台（1分）</td><td></td></tr>
<tr><td rowspan="3">8.2.6 风味餐厅（5分）</td><td colspan="2">8.2.6.1 除必备要求外，有多种风味餐厅（5分）</td><td></td></tr>
<tr><td colspan="2">8.2.6.2 风味餐厅数量不少于3个（5分）</td><td></td></tr>
<tr><td colspan="2">8.2.6.3 风味餐厅数量不少于2个（3分）</td><td></td></tr>
<tr><td rowspan="10">8.2.7 游泳池（10分）</td><td rowspan="3">8.2.7.1 室内游泳池面积（3分）</td><td>不小于250平方米（3分）</td><td rowspan="3"></td></tr>
<tr><td>不小于150平方米（2分）</td></tr>
<tr><td>不小于80平方米（1分）</td></tr>
<tr><td rowspan="2">8.2.7.2 室外游泳池面积（2分）</td><td>不小于300平方米（2分）</td><td rowspan="2"></td></tr>
<tr><td>不小于150平方米（1分）</td></tr>
<tr><td colspan="2">8.2.7.3 有池水循环过滤系统（1分）</td><td></td></tr>
<tr><td colspan="2">8.2.7.4 有消毒池（1分）</td><td></td></tr>
<tr><td colspan="2">8.2.7.5 有戏水池（1分）</td><td></td></tr>
<tr><td colspan="2">8.2.7.6 有水深、水温和水质的明显指示标志（立式或墙上）（1分）</td><td></td></tr>
<tr><td colspan="2">8.2.7.7 有扶手杆，在明显位置悬挂救生设备，有安全说明，并有专人负责现场安全与指导，有应急照明设施（1分）</td><td></td></tr>
</table>

（续表）

<table>
<tr><th>大类</th><th>小类</th><th colspan="2">具体类别</th><th>实际得分</th></tr>
<tr><td rowspan="17">8.2 休闲度假型酒店设施(65分)</td><td rowspan="2">8.2.8 桑拿浴（2分）</td><td colspan="2">8.2.8.1 男女分设（1分）</td><td></td></tr>
<tr><td colspan="2">8.2.8.2 有呼叫按钮和安全提示（1分）</td><td></td></tr>
<tr><td rowspan="2">8.2.9 蒸汽浴（2分）</td><td colspan="2">8.2.9.1 男女分设（1分）</td><td></td></tr>
<tr><td colspan="2">8.2.9.2 有呼叫按钮和安全提示（1分）</td><td></td></tr>
<tr><td colspan="3">8.2.10 专业保健理疗（1分）</td><td></td></tr>
<tr><td rowspan="5">8.2.11 水疗（7分）</td><td rowspan="2">8.2.11.1 装修装饰（3分）</td><td>专业灯光、音响设计，装修材质高档、工艺精致，氛围浓郁（3分）</td><td rowspan="2"></td></tr>
<tr><td>装修材料普通，装修工艺一般（1分）</td></tr>
<tr><td colspan="2">8.2.11.2 配有专业水疗技师（2分）</td><td></td></tr>
<tr><td colspan="2">8.2.11.3 专业水疗用品商店（1分）</td><td></td></tr>
<tr><td colspan="2">8.2.11.4 有室外水疗设施（1分）</td><td></td></tr>
<tr><td colspan="3">8.2.12 壁球室（每个1分，最多2分）</td><td></td></tr>
<tr><td colspan="3">8.2.13 室内网球场（每个2分，最多4分）</td><td></td></tr>
<tr><td colspan="3">8.2.14 室外网球场（每个1分，最多2分）</td><td></td></tr>
<tr><td colspan="3">8.2.15 室外高尔夫练习场（2分）</td><td></td></tr>
<tr><td colspan="3">8.2.16 室内电子模拟高尔夫（1分）</td><td></td></tr>
<tr><td colspan="3">8.2.17 有儿童活动场所和设施，并有专人看护（1分）</td><td></td></tr>
<tr><td colspan="3">8.2.18 其他运动娱乐休闲项目（每类1分，最多4分）</td><td></td></tr>
</table>

步骤二　商务会议型酒店服务管理

第一项：设备设施运行正常

国内会议型酒店的设备设施与同等星级其他类型的酒店相比，具有投资更大、功能更全、品质更高的特点。因此，会议型酒店的硬件管理工作就显得特别重要。

（1）酒店筹建时确定客房、餐饮、会场的规模格局必须慎重，尽量要做到相互配套合理，且功能上尽可能齐全，切不可贪大求多或头重脚轻，防止给日后经营造成不利。

（2）在充分调研认证的前提下，配置选购相应的设备设施。在厂家安装调试时，酒店要派工程师全程跟踪参与。

（3）在开业前选用责任心强、有相关专业技术的人员参加设备厂家举办的辅导培训，考核合格后再上岗。

（4）制定各项操作规程，并定期反复培训，杜绝违规操作、设备损伤的现象发生。

（5）督导员工在日常工作中养成能动地解决小问题的良好习惯。

（6）通过定期大修、日常保养达到延长其使用寿命的效果。

第二项：员工团队协作高效

商务会议型酒店在会议接待高峰期，如何相互协调，将工作做得恰到好处，是会议接待工作中的首要环节。酒店要注重营造员工之间相互理解、相互协调、换位思考的良好氛围。

员工之间、岗位之间、部门之间通力协作，无论客人提出多高的要求，员工都能临阵不乱，胸有成竹，可以适应超负荷的工作量，随机应变的考验。

第三项：实行弹性工作制

会议型酒店与其他类型酒店相比，在客情均衡度无法掌控，忙时所有员工加班加点，甚至夜以继日；闲时则几乎都处于候客状态。

会议型酒店可按周或按旬调节控制员工的累计工作小时数，即实行灵活适度的弹性工作制。一般会议的会期为3天，每次会议一结束，在一周内陆续安排停休、加班的人员进行补休。充分利用空闲时间组织员工不断进行培训、操练。

会议型酒店也可以充分利用客房变动成本低、多功能厅综合性能强的优势，在无会议时可以实行散客特价房，利用多功能厅多办宴会。

第四项：编制跟踪计划并协调执行

会议型酒店会议服务的专业化程度，决定了酒店服务水准及档次，接待一个具体的会议，酒店需要深入仔细地开展会前、会中、会后的工作，具体如下表所示。

会议安排工作

序号	类别	具体内容	备注
1	营销	富有特色和创意，营销人员必须具备较高的职业素质：精通双语甚至多语，熟悉各部门营业状况，有丰富的谈判经验等	
2	会议接待	采取“谁洽谈谁负责到底”，会议的一般决策权归会议负责人，在接洽会议的全程中可以代表酒店与客户洽谈沟通一切事务	如会议规模大或级别高，需要成立接待小组的，同样由洽谈者召集，统一指挥
3	会前沟通	主动与客户沟通联系，尽早确切了解会议的大体规格和总体要求，对缺乏办会经验的客户，负责人要酌情精心设计几套方案，包括会场、用餐、议程编排等，供客户参考选用	会议一旦确定，双方必须签订合同
4	组织召开协调会	组织召开会议主办方负责人与酒店相关部门经理的协调会，在确认接待细节后编制出详细周密的接待计划	
5	零差错	各部门在做准备工作时，确立“零差错”的目标，注重细节，从方便客人着想，部门内各级管理人员对下属的工作督查要得力、层层把关	

（续表）

序号	类别	具体内容	备注
6	验证接待现场	会议负责人做到提前一一验证接待现场的准备工作，会议负责人员必须 24 小时手机开通，保持与客人联系，客人的变更需求和意见要及时反馈到有关部门	任何部门在获取信息后都必须密切配合，在第一时间内解决问题或改进不足，直至客人满意为止
7	征求客人意见	每个会议结束后，会议负责人都要主动征求客人意见，分析存在不足的原因，以便日后纠正预防	

步骤三 休闲度假型酒店服务管理

休闲度假型酒店的布置，不管是外景的设置，大厅的修饰以及客房的布置等都应该协调一致。大自然赐予的美景，渗透到酒店的每个角落。休闲度假型酒店是一个富于生活气息、充满“个性”的空间。

第一项：提供服务

休闲度假型酒店要有基本完善娱乐配套设施，为客人提供自驾亲子游、室内游泳馆或室外游泳池、垂钓区和烧烤区、健身中心、壁球馆、桑拿中心，让客人真正享受到度假的乐趣。

第二项：功能特点

休闲度假型酒店比较适合在度假文化区，重休闲功能，强调自然氛围，轻松随意。

第三项：管理特点

休闲度假型酒店管理方面活动多、自由多、自助多、体验深、豪华少、安全要求高。以人本主义精神为核心，以特色经营为基础，以超越型的品味为目标。

第四项：设计原则

休闲度假酒店的设计原则是反城市，不能把城市宾馆的模式搬到度假区；组团式，不宜搞成大体量的单体设计；全景观，如果在海边房间看不到海，度假感受会大打折扣；通透性，满足客人心理的随意性，符合客人的心理习惯；大房间，房间太小对客人就是压抑，度假客人在房间的时间远超过商务客人；公共面积大，活动设施多，文化特色突出。

第五项：发展趋势

当今休闲度假型酒店发展趋势是重视以人为本和与文化的融合，酒店产品的独立性强，形成科技化、现代化、差异化等的个性化风潮；突出体验，设备强调五感设计；客户的人本化、精细化管理；强调场所感，强调体验当地文化；充分考虑客人对SPA和健身的要求；实现交通便捷，完善可达性。

第九章

酒店节能减排管理

引言：

发展低碳经济、倡导绿色环保、节能减排是当前国际社会关注的热点，也是国家发展的重要战略。酒店是旅游行业中的能耗大户，在水、电、气价格不断上涨的形势下，如何降低能耗、减少资源浪费和环境污染，是酒店行业关注的大问题。

步骤一 了解国家最新规定

在新标准总则中，其中明确规定：倡导绿色设计、清洁生产、节能减排、绿色消费的理念。

新标准中的变化：

1.取消对前厅公共面积、客房配备牙膏、牙刷、拖鞋、沐浴液、洗发液等物品的硬性要求。

2.弱化康体设施中对游泳池、高尔夫球场的要求。

3.在引导酒店采取节能环保措施方面，制定了相应的评定标准。

（1）有建筑节能设计（自然采光、新型墙体材料、环保装饰材料）。

（2）采用新能源的设计与运用（太阳能、生物能、风能、地热等）。

（3）采用环保设备与用品（使用溴化锂吸收式等环保型冷水机组），使用无磷洗衣粉，使用环保冰箱，不使用哈龙灭火器等）。

（4）采用节能产品（如节能灯、感应式灯光、水龙头控制）。

（5）采用节能及环境保护的有效措施（客房内环保提示牌、不以野生保护动物为食品原料）。

（6）有水处理系统和垃圾房及相应的管理制度，并有湿垃圾处理装置等。

步骤二　节能减排作用

作用一：更好地满足客人的需求

随着人们绿色环保意识的提高，越来越多的客人对于重视环保的酒店产生兴趣，除了地理位置、价格和设施外，环保也成为客人选择酒店时的重要考虑因素。

作用二：响应政府号召

政府对酒店环保节能的支持和奖励政策，国务院明确提出具体目标，要求五年内将星级酒店用水用电量降低20%。

作用三：体现社会责任意识

酒店业节能减排是建设资源节约型、环境友好型社会、节约能源资源和保护生态环境的重要措施。

作用四：经济效益

通过合理利用能源，科学管理能源，能够减少酒店用电、水、气、油能源和其他材料的消耗，降低酒店运营成本。

步骤三　节能减排途径

途径一：制订计划

节能减排计划主要包括建设之前和运营中两个部分。

（一）建设之前

在规划设计之初，酒店就要悉心导入节能设计，仔细核算节能投入和能耗成本的比较值，尽量一次性地完成设施的节能定位和设计。

对酒店能源消耗产生直接影响的因素主要包括以下几种：

（1）功能布局和房间布局，如果能充分利用自然采光，则既可以节约能源，同时又可创造一种更贴近自然的环境和氛围。

（2）建筑材料的选取，尽量使用具有保温、隔声、节能、防水功能的新型材料。

（3）规划时在人流进出频繁的地方，设计安装专用设备，阻断内外气流交换，减少能源消耗。

（4）供水系统，应当选用节水用具和设备，如公共场所采用感应式自控温度水龙头，以及中水处理设备、锅炉回水循环利用等技术和设备。

（二）运营中

及时监测以确保行动不偏离正轨。在实施期间应跟踪进行评估，判断技能目标是否达成。通过足够数量的计量仪表来对各部门、区域和管道进行能源消耗的计量监控，从而能把握能源消耗规律，为各部门的能源成本核算和监控提供科学依据。

途径二：技术方式

（一）建筑

酒店建筑使用过程中的采暖、空调、通风能耗占到了建筑能耗的65%以上，因此，采取相应的节能措施，降低建筑能耗成有效途径。

酒店建筑使用功能较多，需要配备空调机组、风机盘管、新风机组、锅炉、水泵等用热、用水、用电、用气的多种配套设施。

（1）建筑方位要考虑风向对能源消耗的影响。

（2）建筑结构要充分考虑采光对能源消耗的影响等，如对大堂等公共场所的设计要尽可能广泛采用大面积自然光以代替白天的照明灯。

（3）将传统的酒店客房卫生间(进门侧面便是卫生间，即使白天也必须开灯)设计成与客房透光的卫生间。

（4）在建筑材料的选择使用上，尽可能使用节能建筑材料。

建筑节能方法，具体如下表所示。

建筑节能方法

序号	项目	节能方法
1	改善建筑环境	加强建筑物周围的绿化环境
2	平面布置、朝向、体型	（1）同样平面的建筑物，应尽量采用南北朝向，而不采用东西朝向 （2）尽量采用外表面小的圆形或方形建筑 （3）考虑采用良好的外遮阳，可减少日照热量的 50% ~ 80%
3	窗户和玻璃	（1）减小窗户面积 （2）采用吸热玻璃，反射玻璃和双层玻璃
4	屋顶和外墙	（1）加强屋顶和外墙的保温 （2）表面涂白色或浅色调 （3）设置通风屋面和屋面洒水

（二）空调

空调节能涉及建筑、能源结构、空调设备、设计、运行管理及自动控制等多个领域。表中是与空调节能有关的的各种措施。

酒店空调节能措施

序号	项目	节能方法	备注
1	室内设定值	在满足人体舒适条件下降低室内温度设计标准。例如，在温度 17℃以上、28℃以下，相对湿度 40% 以上、70% 以下范围内，夏季取高值，冬季取低值	
2	室外新风量	(1) 冬、夏季取用最小新风量，过渡季节采用全新风，取用新风冷量 (2) 检测 CO_2 浓度，控制室外空气的取入量，根据室内人员的变化增减室外新风量 (3) 采用全热交换器，减少新风冷、热负荷 (4) 在预冷预热时停止取用新风	
3	空调方式	(1) 空调系统的合理分区，尽可能根据温湿度要求、房间朝向、使用时间、洁净度等级等划分为不同的空调系统 (2) 加大冷热水和送风的温差，以减少水流量、送风量和输送动力 (3) 采用变风量（VAV）、变水量(VWV)空调系统，节约风机和水泵耗能量 (4) 降低风道流速，减少系统阻力 (5) 采用热回收系统，回收建筑内多余的能量 (6) 采用蓄冷、蓄热系统（水蓄冷和冷蓄冷） (7) 采用电子计算机最佳控制 (8) 采用在额定负荷和部分负荷时效率高的冷、热源设备 (9) 选用较高能效比的空调器和风机盘管	
4	防止过冷过热	(1) 校核室恒温器给定值，完善自动控制装置 (2) 停止使用或严格限制再热装置	
5	合理控制启动和停止空调系统运行时间	根据季节、节假日时间、建筑物的蓄冷蓄热效果，合理制定出设备启动和停止运行的最佳时间	
6	维护、保养和管理	定期清扫、检查、保养，提高设备的使用效率和寿命	

途径三：供热供水系统

（1）增加热回收装置。

带热回收型的制冷机组在夏季可以通过回收冷凝热来提供生活热水，并可减小冷却塔的容量。

（2）采用暖通空调节能新技术。采用新型的节能技术，如，温湿度独立控制技术、顶板辐射技术、溶液除湿技术、太阳能集热技术、热泵技术、二次泵技术等。

（3）采用水循环节能系统，晚上将循环水冷却，白天再使用此水用作降温，以达到节水节电的效果。

（4）中水处理，把废污水经过污水处理系统处理后，再经过深度处理，如混凝、沉淀、过滤、生化降解、杀菌等环节后，以满足回用要求。中水虽不能食用，但是可以进行绿化灌溉、景观喷泉及冲厕、洗车等的用水。

途径四：照明

照明设施的选择，可采用荧光灯、卤钨灯、LED灯等节能灯具，有条件的还可采取声光控灯具或其他节能的灯具设施。

（1）使用节能型的照明设备。

（2）将酒店各区域的照明、广告灯箱等的开关纳入到定人、定岗、定时、定责任的管理范围内，并根据自然环境的实际制定了严格的开闭时间规定，酒店根据重点部分，规划出监测点位予以重点控制。

（3）根据实际环境，进一步完善会议厅房的照明，将会议准备期间、会议进行中、会议结束收尾期等的照明分开控制，以减少不必要的能源耗用。

（4）在客房的用电控制中，调整取电卡及相关的系统，达到专房专钥匙取电使用，以此避免使用除专用钥匙外的其他代用取电品。

（5）员工区域及公共区域的灯光照明可改为声控照明或声光控照明，最大程度地节约用电；同时对一些区域在不影响工作的情况下只保证其照度，减少光源，实现节电。

途经五：其他方面

环保节能技术能够为酒店所采用，例如太阳能技术、冰蓄能技术、地源热泵技术、水源热泵技术、绿色电视等，具体如下表所示。

其他方面节能

序号	类别	具体内容
1	清洁能源	因地制宜地开发和推广太阳能、风能、地热能、海洋能、生物质能等清洁能源
2	冰蓄能空调	(1) 采用的冰蓄冷空调系统，可以合理地避开白天用电高峰，利用晚间用电低谷时制冰蓄冷 (2) 减少空调主机的装机制冷容量，从而减少与之相应的设备如冷却塔、循环水泵等装机容量及投入，同时可以降低电力初次投资的费用
3	绿色电视	(1) 通过减低屏幕暗域液晶亮点的亮度来节能，所谓屏幕暗域是指屏幕上那些显示阴影或者暗色物体的部分 (2) 根据所在房间的明暗程度调节画面，当房间变暗时，画面也随之变暗

步骤四　节能减排管理

第一项：严格管理

节能降耗要以酒店内部以制度为保证，坚持在不降低对客服务标准的前提下降低能耗的使用。

（一）高度重视

对节能降耗工作给予重视，明确要求全体员工都重视起来，进行全员贯彻，由专人负责督导节能工作的实施。

（二）标准化

明确酒店各部门管理职责，制定一套标准，对运行的全过程实施进行有效控制，使各类环境因素有效控制和管理，确保重要岗位按规定操作，建立起完备的预防和应急响应措施。

（三）制定细则

制定严格的节能降耗实施细则，诸如人走灯关、水关、空调关、电脑关等这样的“一走四关”措施。对于空调、电梯、电器、冷热水和煤气的使用制定详细细则。

能源设备所属区域部门管理的原则，即能耗设备在哪个区域放置就由这个区域的管理部门负责节能管理，使节能降耗工作责任到部门。

（四）制定能耗计量与统计制度

（1）建立电力计量系统，在酒店的各工作区域、客用区域，如各工作间、机房、各个客房楼层都安装独立的电表，形成酒店内部的电力计量系统，分别对各区域的用电量统计分析。

（2）大型耗能设备单独计量，对所有大型耗能设备单独安装计量表。例如30千瓦～50千瓦以上的大功率用电设备安装独立的电表，直接使用蒸汽的设备安装蒸汽流量表等，以检测这类设备的运转和能耗情况。

（3）主要用水单位单独计量，酒店用水量较大的设备如每小时用水量在0.5吨以上的用水设备，以及主要的用水单元安装水表，如洗衣房、厨房的管事间、粗加工间等，应单独安装水表计量。

（4）能源的储存独立计量，例如：酒店的地下油罐应安装计量表，以监测储存中产生的漏损，便于能源的统计工作。

（5）能源计量表的校准，酒店所有能源计量仪表每年至少进行一次校准，以确保仪表的准确性。计量信息的准确性是能源管理的基本要求。计量仪表的数据信息每日至少记录一次，用于分析能源使用情况。

（6）进行用能的平衡测试。通过平衡测试，明确酒店各类能源、水等的总用量、构成、分布、流向、用能设备的状况、能源使用效率。

（7）收集能源使用的相关信息，在计量能耗时，酒店应同时记录与能耗相关的信息。如天气状况、酒店出售客房的人天数、营业额、餐饮营业额、餐厅用餐人数、棉织品洗涤量等信息。

（8）建立能源使用数据库，为能源管理提供信息，实现对能源使用有效控制。例如通过能源使用数据库，利用信息通信技术实施对客房的中央空调控制，照明控制，新风系统控制。

（五）强化制度

定期实施召开节能降耗例会制度，与酒店的经营成本分析结合起来，对酒店的每月能耗使用情况进行通报，由负责人每月对酒店内所有区域进行节能检查，并对节能降耗违规的检查结果予以通报和处罚，严格约束员工在工作中使用能耗的行为。

（六）推行对标管理

首先要明确标杆，找出差距，采取措施。要明确行业平均水平，行业先进水平和国际先进水平三个层次的不同标杆。此外，还要与政府提出的节能降耗目标比较。

第二项：员工培训管理

只有每位员工都提高节约资源的意识，在每一个岗位上都能够主动做好节约资源的工作，节约资源才能成功。因此酒店要营造一种节约资源的氛围。

（1）重视节约资源的宣传教育工作，提高员工对节能降耗工作的紧迫性和重要性的认识，定期对员工进行设施设备使用方面的业务培训。

（2）提高全员的节能环保意识，积极鼓励员工进行节能降耗的思路创新、方法创新、技术创新。

（3）对员工节水、节电、节气行为实施制度化监控。在厨房杜绝用流水冲融冰冻食品等举动，有效节约水的耗用。对客用公共卫生间和所有员工卫生间都加装感应水龙头，杜绝客人或员工由于没有责任意识而浪费水的情况。

（4）工程部使酒店的工程设备随时处于高效运行或低能耗运行状态，让工程设施处于妥善维修状态。

第三项：客人宣传教育

酒店应积极对客宣传，客人的节能行为有利于酒店的节能工作。例如，在酒店的公共区域，如大堂、餐厅等设置节能、低碳宣传角，提高住店客人的节能意识。在客房内设置宣传卡，鼓励客人减少资源、能源的使用。

第四项：奖励制度

酒店在员工中开展节能培训和讨论，通过丰富多样的形式，调动员工节能的积极性，讨论各项节能操作的可行性，鼓励员工的节能创新行为。例如，设立员工节能创新奖。

步骤五　实操管理表格

表格一：酒店月份能源资料表

酒店月份能源资料表

日期	房客使用数	客房使用率	耗水量（立方米）	耗电量（千瓦时）	锅炉油耗量（升）	每日平均温度	备注
1							
2							
3							
4							
5							
6							
7							
8							
9							
10							
11							
12							
13							
14							
15							
……							
31							
平均							

表格二：酒店能源使用记录表

酒店能源使用记录表

年　月　日　星期________　　　　　　　　气温：最高__________　最低____

电力

区域 / 读数	尖峰表	半尖峰表	离峰表	冷气表	空调泵表	三温暖
今日读数						
昨日读数						
差额						
倍数	∞ 1000	∞ 1000	∞ 1000	∞ 100	∞ 100	∞ 100
耗电度数						

锅炉主机运转时数表

区域 / 读数	1 号锅炉	2 号锅炉	1 号主机	2 号主机	3 号主机	B2 冷冻机	冷藏库
今日							
昨日							
时数							

锅炉燃油

区域 / 读数					
今日读数		升	储藏油量		万升
昨日读数		升	日用油量		万升
耗油量		升	总油量		万升

柴油存量__________万升

冷气泵省电器

区域 / 读数	运转时数		耗电量	
今日		小时		千瓦
昨日		小时		千瓦
耗量		小时		千瓦

水

区域 / 读数	软水	自来水	水表
今日			
昨日			
耗量			

备注：耗量异常时立即检查存水量及供水情况。

加药机

区域 / 读数	锅炉		回水		自来水	
今日		升		升		升
昨日		升		升		升
耗量		升		升		升

记录员：　　　　　　　　　　　　　　　　主管签名：

参 考 书 目

[1] 郑向敏．现代饭店经营管理．北京：清华大学出版社，2007

[2] 戴斌，束菊萍等．经济型饭店．北京：旅游教育出版社，2007

[3] 郑向敏．现代饭店经营管理．北京：清华大学出版社，2007

[4] 钮先钺．酒店营运管理与实务．广州：南方日报出版社，2002

[5] 温晓婷．现代酒店知识与管理．北京：中国商业出版社，2000

[6] 滕宝红．现代经济型酒店经营管理实务．广州：广东经济出版社，2007

[7] 薛永刚．酒店服务业精细化管控全方案．广州：广东经济出版社，2011